现代产业经济学理论发展研究

杨光宇　王聪聪　刘玥杉 ◎著

中国商务出版社
CHINA COMMERCE AND TRADE PRESS

图书在版编目（CIP）数据

现代产业经济学理论发展研究 / 杨光宇，王聪聪，
刘玥杉著. -- 北京 ：中国商务出版社，2022.10
ISBN 978-7-5103-4492-3

Ⅰ．①现… Ⅱ．①杨… ②王… ③刘… Ⅲ．①产业经
济学 Ⅳ．①F260

中国版本图书馆 CIP 数据核字(2022)第 194805 号

现代产业经济学理论发展研究

XIANDAI CHANYE JINGJIXUE LILUN FAZHAN YANJIU

杨光宇　王聪聪　刘玥杉　著

出　　　版：中国商务出版社
地　　　址：北京市东城区安外东后巷28号　　邮　编：100710
责任部门：教育事业部（010-64283818）
责任编辑：刘姝辰
直销客服：010-64283818
总 发 行：中国商务出版社发行部　（010-64208388　64515150 ）
网购零售：中国商务出版社淘宝店　（010-64286917）
网　　　址：http://www.cctpress.com
网　　　店：https://shop162373850.taobao.com
邮　　　箱：347675974@qq.com
印　　　刷：三河市金兆印刷装订有限公司
开　　　本：787毫米×1092毫米　1/16
印　　　张：11.25　　　　　　　　　　字　数：233千字
版　　　次：2023年7月第1版　　　　　印　次：2024年7月第2次印刷
书　　　号：ISBN 978-7-5103-4492-3
定　　　价：72.00元

前　言

产业经济学是主要研究社会经济活动中产业内部组织结构、产业之间关系结构、产业地区分布结构的变化规律及产业政策的科学，内容主要包括产业发展理论、产业组织理论、产业结构理论、产业布局理论、产业政策理论等。产业经济学是从比较宏观的层面来研究产业发展规律，但不具体从国民收入、经济整体的投资和消费等总体性因素来分析整个国民经济的运行规律，也不研究个别厂商的经济行为。因此，有的专家认为，产业经济学是一门介于宏观经济学与微观经济学之间的中观经济学。

本书共七章，第一章是现代产业经济学概述，主要从产业经济学的形成、分类、发展规律三方面进行论述；第二章是现代产业关联的研究，主要从产业关联的基本原理、研究方法等方面进行论述；第三章是产业结构的研究，主要从产业结构基础理论及其演变、优化与升级、主导产业的选择与发展三方面进行论述；第四章是产业发展研究，主要从产业发展基础理论、产业发展生命周期、产业发展战略选择三方面进行论述；第五章是产业组织的研究，主要从专业化协作、联合化、集团化、企业国家化等方面进行论述；第六章产业集群与布局式，主要讲述产业集群与布局的基本理论、基本规律、基本原则、影响产业集群与布局的主要因素，分析了具体的产业布局实践；第七章现代产业体系与高新技术产业发展，主要讲述了现代产业体系的基本内涵、现代产业体系中的农业与制造业、高新技术产业的发展趋势以及传统产业改造模式。

本书在撰写过程中参考了大量国内外产业经济研究的论著以及相关研究成果，其中许多专家、学者的研究成果不仅是我们学习的内容，也是我们借鉴的对象，在此致以诚挚的谢意！由于水平有限，缺点和不足之处在所难免，恳请大家批评指正。

目 录

第一章 产业经济概述

第一节 产业形成与分类

一、产业形成

产业是同类企业、事业的总和。这样的产业部门在人类生产发展的历史上并不是一开始就存在的，而是在生产发展的过程中，在社会分工发展的基础上逐步形成和发展起来的，是分工协作发展的结果。因此，研究产业的形成应当首先从研究社会分工开始。

马克思在考查社会分工时，曾把它分为三种形式："单就劳动本身来说，可以把社会生产分为农业、工业等大类，叫作一般的分工；把这些生产大类分为种和亚种，叫作特殊的分工；把工厂内部的分工，叫作个别的分工。"马克思在这里深刻地揭示了产业部门的形成过程。

一般的分工，就是把社会生产分为农业、工业、交通运输业、商业等国民经济部门。特殊的分工，就是在每个国民经济部门中进一步分出许多独立的部门，如在工业中分为能源工业、原材料工业、机械制造业、纺织工业等部门。个别的分工，就是企业内部的分工，如机械企业中的车、铣、刨、钻、磨、钳等。

在这三种分工中，一般的分工和特殊的分工属于社会内部的分工，这种社会内部的分工与企业内部的分工是相互区别而又相互联系的。企业内部分工的产生和发展是以社会内部分工的发展为前提的；反过来，企业内部分工的发展又会促使社会内部分工的进一步发展。从历史上看，第一批产业部门是通过一般的分工形成的，也就是说，工业部门曾经是从国民经济其他部门中分离出来的，如纺织、酿酒等工业部门就是从农业中分离出来的。还有通过这种方式产生的新工业部门，如渔业加工部门。不过，现在新工业部门的形成主要是通过特殊的分工形成的。

（一）社会分工发展的必然产物

一切分工都是社会生产力发展的结果，而分工的发展又促进了社会生产力的提高和新产业部门的形成。随着社会生产力的发展，人类社会已经发生了三次大规模的社会分工：原始社会畜牧业和农业的分工、原始社会瓦解时期工业和农业的分工、奴隶社会商业活动和生产活动的分工以及体力劳动和脑力劳动的分工。发展到资本主义社会，这种体力劳动和脑力劳动的分工就更加显著。人类社会现在已经发生了第四次社会分工，即在物质生产过程内部的脑力劳动阶段和实物生产阶段的分工，也就是对物质的创造性构思，把这种构思变成物质，即实现物质的分工。

通过对人类社会分工和物质生产发展史的考查，我们看到，工业成为一个独立的物质生产部门，并不是一开始就有的，而是开始于资本主义时代。只有发展到机器大工业时代，采用了机器体系生产，这时工业和农业才最终分离。资本主义工业的形成过程经历了几百年。工业部门的形成特别是新的工业部门建立，正是在资本主义大工业基础上的社会分工进一步发展的产物。

社会分工虽然开始于原始社会，但分工的高度发展还是在资本主义机器大工业时代。机器大工业实行更精密的厂内分工，有力地扩大了社会分工，劳动生产率空前提高，同时造成了社会分工的无政府状态。机器大工业的分工侵吞了工人身体和精神上的一切自由，迫使人们奴隶般地服从分工。分工也变成了人剥削人的手段，变成了资产阶级奴役劳动人民的制度。这就是生产资料资本主义私有制条件下社会分工的社会性质。

社会主义公有制使劳动人民成为生产资料的主人，社会分工的社会性质也就随之发生了变化。在公有制内部，分工已不是统治和被统治、奴役和被奴役的关系，而是同志间的互助合作关系；劳动者不再成为机器的附属物，而是机器的主人；分工不是服从追逐最大限度的资本主义利润，而是服从于节约社会劳动、提高经济效益，最大限度地满足人民日益增长的美好生活需要这个根本目的。

（二）商品经济的客观要求

商品经济是在社会分工的基础上发展起来的，反过来，商品经济的发展又必然促进社会分工的进一步深化，促进新的产业部门的形成。许多新的产业部门将随着商品经济的发展而日益增加。

这里的道理是十分明显的，因为商品经济是自然经济的对立物，它是为了他人的需要、以交换为目的的。交换经济与商品生产者自身的多方面需求也是通过交换，由别的商品生产者来满足的。在这里通行的是等价交换原则。这种商品经济的充分发展是社会经济发展的不可逾越的阶段。这种商品经济越发展，就越要求有能够满足社会多种需求的产业部门的产生和发展；商品生产者要在竞争中得到生存和发展，也必须努力去创办和建立社会上还没有的企业和产业部门。

应当提出的是，在我国这样的社会主义市场经济条件下，更有可能在党和国家的宏观调控下，更好地创办和建立更多的能够适应人民生活和满足国家建设所需要的一系列新的产业部门。

（三）科学技术进步的结果

由于不断出现新技术、新材料、新工艺、新产品，从而为生产和社会分工的发展开辟了新的领域，为新兴产业部门的形成创造了条件。原子能工业、电子工业、合成纤维工业和塑料工业等部门的形成，正是原子能技术、电子技术和化学合成技术应用于工业生产和建设的成果。

实践还证明，科学技术越进步，现代化水平越高，新的产业部门形成得也就越多。比如，自动控制和计算机制造技术的发明和广泛应用，促使专门生产电子自动控制和计算机的部门形成。半导体材料的出现，使硅、锗的生产和以它们为原料的电子元件、电子机械的生产都成了专门化的生产部门。又比如，要生产拥有几百万个零部件的宇航产品，只靠原有的工业部门是不够的，还必须形成一批崭新的产业部门。

二、产业分类

为了正确认识产业的本质，从多角度探索产业发展的规律性，根据产业研究的目的不同，产业分类方法也是多样化的。产业分类方法举其要者有：两大部类分类法，物质生产与非物质生产分类法，农、轻、重产业分类法，标准产业分类法，三次产业分类法，产业发展阶段分类法等。

（一）两大部类分类法

按产品的经济用途把产业分为甲、乙两类。这是最主要的分类原则与方法。马克思按照产品经济用途的不同，把社会总产品划分为生产资料和消费资料，从而把社会生产划分为生产资料的生产和消费资料的生产这两大部类。这是马克思再生产理论的重要前提和重要组成部分，是马克思对马克思主义以前的经济学的重大突破和创新。

马克思主义以前的经济学家，包括他们中最杰出的人物，之所以不能揭示社会再生产运动的规律，没有科学地说明社会再生产的过程，除了他们自身的阶级局限性和社会局限性之外，在理论上的一个重要原因就是他们都没有对社会总产品与社会总生产做过科学的划分。马克思的伟大功绩是突破了他以前的经济学家的局限性，天才地提出了两大部类的理论，以此为前提揭示了社会再生产运动的总规律，论证了要使生产不断更新，就必须有生产资料的补偿和消费资料的补偿，要使生产扩大，就必须有生产资料的追加和消费资料的追加，而且这两种补偿、两种追加之间还必须保持相适应的比例关系；否则，社会再生产运动就不能正常进行，甚至会导致生产的破坏。

同样的道理，要揭示工业再生产运动的总规律，科学地说明工业再生产的过程，首先，必须把工业产品划分为生产资料和消费资料；其次，把工业生产划分为生产生产资料的工业即甲类工业，以及生产消费资料的工业即乙类工业，把工业划分为甲、乙两类，是把社会生产划分为两大部类原理的重要组成部分在工业中的具体化，因为甲类工业是社会生产资料的生产这个部类的重要组成部分，乙类工业是社会消费资料的生产这个部类的重要组成部分。也正因为如此，把工业生产划分为甲、乙两类工业是完全必要的，是有充分理论依据和实践依据的。

世界许多发达国家一直有这种分类，我国在第一个五年计划时期也曾有这种分类，但可惜的是后来被取消了。1985 年国务院全国工业普查领导小组制定的全国工业普查表中又恢复了甲、乙两类工业的分类。

根据经济建设的实践要求，我们不能仅停留在两大部类与甲、乙两类工业分类的水平上，还必须对每个部类和每类工业内部进行更具体、更细的分类。马克思早就说过："这两个部类中，每一部类拥有的所有不同生产部门，总合起来都形成一个单一的大的生产部门。"事实上，每个部类和每类工业内部都存在许多更细的分类。

单就甲类工业来说，还有下列两种分类：

①把甲类工业分为甲类工业本身生产生产资料的工业和为乙类工业生产生产资料的工业。前者如机床制造业、矿山机械制造业、冶炼设备制造业、钢铁工业等；后者如纺织机械制造业、制革工业和人造纤维工业等。这种产业分类有利于分析和研究甲、乙两类工业各自的内部结构的发展趋势。

②把甲类工业分为生产固定资产的工业和生产流动资产的工业。前者如机械制造业；后者如建筑材料工业和化学工业等。这种产业分类有助于进一步加强对工业固定资产和工业流动资产之间的相互关系的分析和研究。

（二）物质生产与非物质生产分类法

物质生产与非物质生产存在密切联系。这种联系在市场经济条件下尤为密切，因为国民经济各部门都是互为市场的。

马克思主义认为，物质生产活动和非物质生产活动都是社会所必需的，但物质生产决定非物质生产。物质生产是人们在改造自然界斗争中不断创造物质财富的活动，是社会存在和发展的物质基础，是决定其他一切活动的因素。非物质生产的活动是为了改善人类本身的政治和文化生活，发展智力和体力以及加强社会组织管理的活动，也是影响物质生产

活动的重要因素。

物质生产与非物质生产之间，不仅存在由物质生产发展到非物质生产的历史发展序列，而且两者之间又有互相作用、互相转化的辩证关系，彼此的数量比例还有不同的上升或下降趋势。所以，物质生产与非物质生产的分类也是一种十分重要的产业分类。

我国根据目前我们的生产发展水平和劳动分工情况，把整个国民经济全部活动按照是否为社会提供物质产品，划分为两大领域共十个大部门，其中，属于物质生产领域的有工业、农业、建筑业、为生产服务的交通运输和邮电业、作为生产过程在流通领域继续的那一部分商业（指商品的分类、修整、包装、保管等劳动）五大部门，这是国民经济的主体；属于非物质生产领域的有城乡公用服务业、科学研究、文教卫生（指文化艺术、教育、卫生、广播电视、体育、社会福利）、金融业、机关团体等五大部门。

（三）农、轻、重产业分类法

按产品的主要生产部门把工农业划分为农、轻、重产业。这种产业分类是以马克思主义关于两大部类的原理为依据的。为了具体地研究农业、轻工业和重工业这三个实际产业部门之间的互相联系和数量比例关系，我们进行了农、轻、重产业分类。农、轻、重产业是三个具有不同地位、作用的主要的物质生产部门，占整个物质生产的绝大部分。农、轻、重产业又是国民经济发展的客观顺序。农业是国民经济的基础；工业是国民经济的主导，轻工业的发展要以农业为基础，重工业的发展要以农业和轻工业为基础。所以，农、轻、重产业的分类不仅有一定的理论意义，而且有重大的实践意义。

实践反复证明，企图用轻、重工业分类取代甲、乙两类工业分类是不科学的，用两大部类和甲、乙两类工业分类来取代农、轻、重产业分类也是不科学的。因为这是对社会生产这同一事物的不同划分方法，所包含的范畴不同，谁也代替不了谁。两大部类生产和甲、乙两类工业生产，是从社会产品进而从社会生产中分别抽出来用于生产和用于消费这两种不同的属性，然后把它们分别推广于一切社会产品的生产。而农、轻、重产业的分类是说农业和轻工业是两个主要生产消费品的产业部门，重工业是主要生产生产资料的产业部门，但是，农业和轻工业还生产一部分生产资料，重工业还生产一部分消费品。像这种重中有轻、轻中有重的现象，在现实的生产活动中越来越普遍，越来越难以找出一个百分之百地生产消费品或百分之百地生产生产资料的实际物质生产部门。

我国通常把主要生产生产资料的工业部门称为重工业，把主要生产消费品的工业部门称为轻工业。这种按照产品的主要使用价值划分的轻、重工业也是相对的概念。因为在现实生活中一种产品的使用价值常常是多种多样的。就一个工业部门所生产的产品来说，既有生产资料，又有消费品；就所生产的同一种产品来说，往往既有用于生产消费的，又有用于生活消费的。但是，不管怎样，就一个产业部门所生产的产品的使用价值而言，总是有一种主要的和主导的用途，而事物的性质正是由它的主要的和主导的方面所决定的。也正因为如此，我们把主要生产生产资料的工业称为重工业，而把主要生产消费品的工业称为轻工业，这也是有其理论根据的。

20世纪50年代初期，我国生产力落后、经济基础薄弱，一些行业领域处于空白，重工业产值的比重仅占全部工业产值的30%左右，经济工作的重心在于建立一个独立的、比较完整的工业体系和国民经济体系。当时将工业简单划分为轻工业和重工业的分类法，适应了经济基础薄弱时期优先发展重工业的经济发展方针，对于了解轻、重工业的发展状况，特别是监测重工业的发展起到了重要作用。随着产业格局的变化，我国工业产业结构从单一转向复杂，各种新产品层出不穷，轻、重工业的划分已难以对工业进行科学清晰的界定了。从国际比较的角度看，轻、重工业分类作为一个概念性的行业划分，是缺乏行业分类标准时期的产物。随着改革开放和经济全球化进程，我国工业分类理应和国际统一标准接轨。从2013年下半年起，国家统计局在相关数据发布中不再使用"轻工业""重工业"分类。

（四）标准产业分类法

国家标准分类法是指一国政府为了统一该国产业经济研究的统计和分析口径，以便科学地制定产业政策和对国民经济进行宏观管理，并根据该国的实际而编制和颁布的划分产业的一种国家标准。这种分类法具有如下一些特征：第一，它是由一国的政府或其技术标准管理部门编制和颁布的，而不是由个人或产业研究机构自己编制的，因而具有整体性、广泛性和权威性的特征；第二，它是一国的标准，在运用上具有强制性和代表性；第三，它具有明确的目的性，它的目的就是统一统计口径和分析口径，以便科学地制定产业政策并对国民经济进行宏观管理；第四，它具有特殊性，是针对一国的具体实际编制的，只适用于该国的产业分类，其他国家只能参考和借鉴；第五，它具有较高的科学性，比较能反映该国的产业发展和变化情况，也比较能适应其产业发展和变化的需要。

我国的《国民经济行业分类》（GB/T4754-2017）就改编自国际标准产业分类体系，于2017年10月1日实施，共有20个门类97个大类473个中类1380个小类（简略分类见表1-1）。

表1-1　《国民经济行业分类》（GB/T4754-2017）

门类	大类	名称
A		农、林、牧、渔业

	01	农业
	02	林业
	03	畜牧业
	04	渔业
B		采矿业
	06	煤炭开采和洗选业
	07	石油和天然气开采业
	08	黑色金属矿采选业
	09	有色金属矿采选业
	10	非金属矿采选业
	12	其他采矿业
C		制造业
	13	农副食品加工业
	14	食品制造业
	15	酒、饮料和精制茶制造业
	16	烟草制品业
	17	纺织业
	18	纺织服装、服饰业
	19	皮革、毛皮、羽毛及其制品和制鞋业
	20	木材加工和木、竹、藤、棕、草制品业
	21	家具制造业
	22	造纸和纸制品业
	23	印刷和记录媒介复制业
	24	文教、工美、体育和娱乐用品制造业
	25	石油、煤炭及其他燃料加工业
	26	化学原料和化学制品制造业
	27	医药制造业
	28	化学纤维制造业
	29	橡胶和塑料制品业

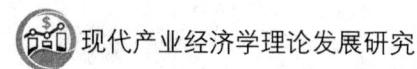

	30	非金属矿物制品业
	31	黑色金属冶炼和压延加工业
	32	有色金属冶炼和压延加工业
	33	金属制品业
	34	通用设备制造业
	35	专用设备制造业
	36	汽车制造业
	37	铁路、船舶、航空航天和其他运输设备制造业
	38	电气机械和器材制造业
	39	计算机、通信和其他电子设备制造业
	40	仪器仪表制造业
	41	其他制造业
	42	废弃资源综合利用业
D		电力、热力、燃气及水生产和供应业
	44	电力、热力生产和供应业
	45	燃气生产和供应业
	46	水的生产和供应业
E		建筑业
	47	房屋建筑业
	48	土木工程建筑业
	49	建筑安装业
	50	建筑装饰、装修和其他建筑业
A	05	农、林、牧、渔专业及辅助性活动
B	11	开采专业及辅助性活动
C	43	金属制品、机械和设备修理业
F		批发和零售业
	51	批发业
	52	零售业
G		交通运输、仓储和邮政业

	53	铁路运输业
	54	道路运输业
	55	水上运输业
	56	航空运输业
	57	管道运输业
	58	多式联运和运输代理业
	59	装卸搬运和仓储业
	60	邮政业
H		住宿和餐饮业
	61	住宿业
	62	餐饮业
I		信息传输、软件和信息技术服务业
	63	电信、广播电视和卫星传输服务
	64	互联网和相关服务
	65	软件和信息技术服务业
J		金融业
	66	货币金融服务
	67	资本市场服务
	68	保险业
	69	其他金融业
K		房地产业
	70	房地产业
L		租赁和商务服务业
	71	租赁业
	72	商务服务业
M		科学研究和技术服务业
	73	研究和试验发展业
	74	专业技术服务业
	75	科技推广和应用服务业

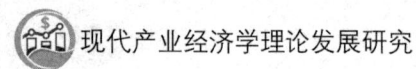

续表

N		水利、环境和公共设施管理业
	76	水利管理业
	77	生态保护和环境治理业
	78	公共设施管理业
	79	土地管理业
O		居民服务、修理和其他服务业
	80	居民服务业
	81	机动车、电子产品和日用产品修理业
	82	其他服务业
P		教育
	83	教育
Q		卫生和社会工作
	84	卫生
	85	社会工作
R		文化、体育和娱乐业
	86	新闻和出版业
	87	广播、电视、电影和录音制作业
	88	文化艺术业
	89	体育
	90	娱乐业
S		公共管理、社会保障和社会组织
	91	中国共产党机关
	92	国家机构
	93	人民政协、民主党派
	94	社会保障
	95	群众团体、社会团体和其他成员组织
	96	基层群众自治组织及其他组织
T		国际组织
	97	国际组织

（五）三次产业分类法

三次产业分类的主要原则，是把全部经济活动按照客观序列与内在联系，划分为第一产业、第二产业、第三产业。这是欧美和日本等发达国家普遍采用的一种产业分类法。基于《国民经济行业分类》（GB/T 4754-2017），国家统计局印发的《三次产业划分规定》（2018年修订版），指出了我国三次产业的划分范围。

第一产业，是指农、林、牧、渔业。

第二产业，是指采矿业，制造业，电力、热力、燃气及水生产和供应业，建筑业。

第三产业即服务业，是指除第一产业、第二产业以外的其他行业。第三产业包括：农、林、牧、渔专业及辅助性活动，开采专业及辅助性活动，批发和零售业，交通运输、仓储和邮政业，住宿和餐饮业，信息传输、软件和信息技术服务业，金融业，房地产业，租赁和商务服务业，科学研究和技术服务业，水利、环境和公共设施管理业，居民服务、修理和其他服务业，教育，卫生和社会工作，文化、体育和娱乐业，公共管理、社会保障和社会组织，国际组织。

（六）产业发展阶段分类法

产业发展阶段分类法是指按照产业发展所处的不同阶段进行产业分类的一种方法。按照这种分类法划分的常见产业有幼小产业、新兴产业、朝阳产业、衰退产业、夕阳产业、淘汰产业等。由于划分产业发展阶段的标准有很多，所以处于不同发展阶段的产业的界限并不很明确，只能是进行大概的划分。

①幼小产业，是指在开发初期因生产规模过小、成本过高、技术不成熟而不能享受规模经济的好处并缺乏国际竞争力的产业。有些幼小产业经过一定时期的政府保护能够安全度过幼年生命危险期，从而成为前途无量的新兴产业，进而成为一国的先导产业或主导产业；有些幼小产业因为技术、成本、需求、原料等方面的缺陷或其他原因，即使经过政府一定时期的保护和扶持也不能安全度过其幼年生命危险期，从而成为夭折产业。

②新兴产业，是指由于科技的发展和生产力水平的提高而出现的新产业。这些新产业的产品在技术工艺、用途、生产方式、用料或其他方面均与原有产业的产品有较大的不同。

③朝阳产业，是指进入技术不断成熟、平均成本不断下降、产业规模不断扩大、市场需求不断增加的时期的新兴产业，朝阳产业常常与夕阳产业相对应。

④衰退产业，是指由于技术逐渐老化、需求逐渐萎缩、平均成本不断上升引起规模收益逐渐下降、产业规模逐渐缩小的产业。这类产业往往是由过了壮年期的产业发展而来

的，继续衰退下去就成为夕阳产业，最后成为淘汰产业。这类产业如果出现某些技术的重大突破也会重新获得新生，进入另一产业生命周期。

⑤夕阳产业，是指衰退产业继续衰退下去，得不到政府的有关扶持，也没有某项技术的重大突破来改革原有的技术条件，从而即将退出市场的产业或产业群。夕阳产业也可以在出现重大技术突破的条件下重新焕发青春，进入另一产业生命周期；否则，政府往往会采取产业转移政策，将此类产业转移到更有成本等竞争优势的地方去，或在适当时期引导该产业的人、财、物等资源向其他产业转移。

⑥淘汰产业，是指产业发展到一定时候，由于技术老化、需求萎缩、成本上升、长期亏损而不能适应市场的需要而退出市场的产业。

以上六种分类是最主要的、最一般的产业分类，在实践中，还可以根据每个产业的具体情况和人们所要研究的课题，对产业进行更具体、更细致的分类。比如，在农业中，就有种植业、林业、渔业和畜牧业的分类；在工业中，有采掘工业、原材料工业、制造业的分类。又比如，按产业在国民经济中的地位和作用的不同，划分为先行产业、主导产业（支柱产业）、基础产业；按产业产生和发展的客观序列，可划分为新兴产业和传统产业；按产业在经济发展中的均衡运转作用的不同，划分为短线产业和长线产业等。

第二节　产业经济发展规律

一、四化

（一）产业经济全球化

产业经济全球化是我国产业经济发展所面临的最为重要的国际新形势。经济全球化是世界经济发展的新阶段和必然趋势。处在全球化进程中的各国经济发展都有国内外两种资源和国内外两个市场的选择空间。市场已成为全球的市场，资源可以在全球范围内流动，各国可以根据自己的意愿和实力做出选择。从这个意义上讲，经济全球化将使各国经济成为全球经济整体中不可分割的组成部分，如果其中一个国家或一个地区的经济发生重大变化，都有可能波及他国，扩及全球。

经济全球化对我国产业经济的发展既是一场严峻挑战，又是一个历史性的好机遇。之所以说是严峻挑战，是因为发达国家凭借它们的技术和经济实力，利用其国际贸易、国际生产和投资以及在高新技术上的优势，在经济全球化进程中已经建立了支撑新经济的高新技术产业，并建立起有利于它们的国际经济秩序，是经济全球化的最大受益者。众多发展中国家的科技和经济发展起步晚、水平低，整体国际竞争力比较弱，高新技术产业发展尚处于起步阶段，因而在经济全球化进程中虽也受益，但其受益程度大大低于发达国家。

之所以说又是一次历史性的好机遇，是因为我们在经济全球化进程中可以有选择性地、更多地吸引外资，引进先进科技和经营管理经验，培养优秀的科技和管理人才，逐步提高我国产业整体的国际竞争力。更为重要的是，经过我们自身的努力奋斗，奋发图强，通过理念创新、科技创新、产品创新和管理制度创新，来发展高新技术产业、改造传统产业；通过产业结构调整和优化升级、产业组织优化升级，提高效率和降低成本，切实有效地提高产业和国民经济的整体素质，从而进一步扩大内需和开拓国际市场。只要我们持之以恒地真抓实干，我国各个产业中的一批骨干企业就一定能够像海尔集团那样，在经济全球化竞争中赢得主动权，不仅能够打入国际市场，而且能够占领国际市场的制高点。

总之，为了求得生存和发展，我国的产业和以探索产业经济发展规律为对象的产业经济学，也必须紧紧抓住机遇，勇敢地去迎接挑战。

（二）产业经济现代化

从 21 世纪开始，我国的生产力水平迈上了一个大台阶，商品短缺状况基本结束，市场供求关系发生了重大变化，社会主义市场经济体制初步建立。我国已经实现了现代化建设的前两步战略目标，经济和社会全面发展，总体上达到了小康水平，开始实施第三步战略部署，步入全面建成小康社会、加快推进社会主义现代化的发展阶段。我国进行了经济发展战略重点的转移，即从以数量赶超为主转为以提高经济质量和国民经济整体素质为主，以此作为 21 世纪经济和社会发展的战略重点。

我国"十二五"规划提出：转型升级，提高产业核心竞争力。坚持走中国特色新型工业化道路，适应市场需求变化，根据科技进步新趋势，发挥我国产业在全球经济中的比较优势，发展结构优化、技术先进、清洁安全、附加值高、吸纳就业能力强的现代产业体系。改造提升制造业。优化结构，改善品种质量，增强产业配套能力，淘汰落后产能，发展先进装备制造业，调整优化原材料工业，改造提升消费品工业，促进制造业由大变强。"十三五"期间，我国实施制造强国战略，建成了门类齐全、独立完整的现代工业体系，工业经济规模居全球首位。"十四五"规划纲要再次强调，深入实施制造强国战略，并提出新要求：坚持自主可控、安全高效，推进产业基础高级化、产业链现代化，保持制造业比重基本稳定，增强制造业竞争优势，推动制造业高质量发展。

（三）产业经济融合化

20 世纪 90 年代以来，经济全球化和新技术革命作为当代世界发展的两股强大力量，使世界经济的现实运行主体逐步由倚重自然资源和制造业的国内经济，向倚重信息资源和服务业的全球与区域性的经济过渡。以往的环境要素不断地内化为产业系统要素，最初以国家为边界的产业系统，逐渐由国与国之间的制约和被制约关系转变为经济互动、产业互联的关系，使产业体系逐步演化成一个多元化、多层次、多侧面、相互交叉重叠的复杂立体结构。全球性产业体系的生成冲破各国相对完整独立的产业体系，形成各国既相互依存、相互渗透，又相互制约、相互竞争的产业经济体系。技术进步速度的加快、技术融合程度的加深，在宏观上导致了国与国的产业重组和整合，从基本层面上重塑了产业结构的演进形态，使产业经济发展出现融合化的趋势。世界各国不再追求自身工业化体系的完整性与独立性，为了充分利用国外相对廉价的人力资源和自然资源，纷纷实行产业资源的国际配置。它们"以全球为企业，以各国为车间"，将统一的公司分散于世界各国，而将最核心的研发中心和最终的销售体系放在母国，将制造中心和一些次级的研发中心与销售中心转移到能有效降低成本的其他国家。这些地理上分散的公司依靠先进而廉价的现代通信技术实行产业整合，使产业经济具备了"两头在内、中间在外"的"空心化"的发展态势，形成了产业经济的国际融合趋势。

中国作为世界上最大的发展中国家，不仅具有巨大的市场潜力、廉价的人力资源和稳定的政治局面，而且是世界上经济增长速度最快的国家之一，在世界各国的经济增长中独树一帜。这对世界各国在产业结构调整过程中实现与中国优势资源相结合、在全球产业分工中增强本国产业扩张能力具有强烈的吸引力。许多国家纷纷将其制造业的不同环节转移到中国，使中国成为吸引外资最多的发展中国家。这在客观上形成了中国产业体系向国际化融合的发展趋势。

（四）产业经济知识化

世界各国产业经济发生了巨大的变化，其突出特点是：世界产业经济由过去的刚性结构逐步向柔性结构转化，即由以生产重、厚、长、大为主的重型化生产技术结构，向以高效、智能、知识、信息、服务为主的软型化生产技术结构转变。以此为特征的知识型服务业（包括金融、信息、咨询服务等），在国民经济中的比重不断增加。产业经济发展中的知识含量日益增大，构成产业经济演进过程中的知识化趋势。

产业经济知识化主要表现在教育和科研不断向产业化发展。由于知识经济的发展，要求更快捷、更具有个性化的服务，使产品为满足消费者多样化需求而不断升级换代，要求产业技术创新能力不断增强，这使产业劳动者必须终身接受教育和培训。此外，产业发展过程中要求技术创新生成能力增强，也形成了对知识和服务的巨大需求。社会对知识和高级知识人才需求的不断增加，拉动了各国科研与教育规模的扩张。同时，知识的广泛应用使教育和科研对国民收入增长的贡献日益增加，教育与科研及其他产业间的联系也越来越紧密，这些变化都促使教育与科研越来越具有独立产业的性质。各发达国家为占据高科技产业领域的有利地位，也越来越把知识作为一种产业加以发展。

产业经济知识化还表现在从事研发、管理、咨询服务等知识型人才占有越来越大的比重，这已成为多数国家产业经济发展的基本脉络。在传统的三次产业生产过程中，存在大量的"服务"性生产，如各种管理活动、信息处理、财务会计、文秘后勤、保洁保卫等，大部分的产业部门自己承担了这类服务性的事务。随着生产水平的提高和产品日益知识密集型化，企业自我服务难以满足新的更高效率的要求，部分服务性生产将从农业和制造业中分离出来，由专业管理公司、信息服务机构、会计师事务所、文秘公司和其他专业服务机构承担，使知识产业的比重不断增加，加快了产业经济知识化趋势。

二、五取代

（一）"三、二、一"取代"一、二、三"

第一产业、第二产业和第三产业之间的组成及经济联系和数量比例关系，就是三次产业结构。

综观世界各国产业发展历史，一般在工业化初期，由于科学技术水平和整个社会生产力水平还比较低下，人民生活水平也不高，整个国民经济的发展仍以农业为主，所以三次产业结构必然呈现出"一、二、三"的总体格局。但是，随着科学技术的进步和生产力水平及人民生活水平的提高，第二产业上升为主导产业，取代了第一产业的主导地位，三次产业的产值比差转向"二、一、三"或"二、三、一"的格局。随着第三产业上升为主导地位，又取代了第二产业的主导地位，所以到工业化后期会呈现出"三、二、一"的格局。

（二）新中心取代老中心

随着科学技术的进步和与社会化大生产相适应的国际分工的发展，在经济发展不平衡规律的作用下，世界经济有一个中心转移的趋势。这种转移趋势主要是，世界产业活动从老的产业中心向新兴的发达国家和少数几个发展中国家转移，以及世界经济中心从欧洲移向亚洲、从大西洋移向太平洋。这种中心转移的趋势是产业发展趋势的根本依据和首要趋势。因为在市场经济高度发达的今天，一个国家和地区的产业结构是否合理和产业政策是否有效，只有放在两种资源、两个市场和整个国际分工体系中来观察，才能做出科学的判断。

1. 产业中心的转移

联合国工业发展组织的研究报告指出，工业中心的转移并不是简单地把工厂或生产设施从发达国家引向发展中国家，而是世界生产模式的一个不断演变的过程。这个过程是工业增长的必然结果，是各国相互依存的趋势，是经济持续发展所必需的。这种转移是由国民经济增长的内部演变模式和技术进步两种主要因素所决定的。

①发展中国家和发达国家在国民经济增长内部演变模式上具有不同的特征。在发达国家中，国民经济增长的内部演变模式的主要特点是：第三产业发展特别迅速，食品和其他必需品的国内市场扩大相对缓慢，熟练劳动力特别是白领工人增长很快，以及许多部门的生产专业化协作水平很高。在发展中国家里，国民经济增长的内部演变模式的主要特征是：投资在总收入中所占比重增大，许多耐用消费品和固定资产的需求急剧扩大；城市劳动力数量急剧增长，农村的劳动力仍不断向城市转移；多数生产部门还处于"大而全""小而全"的状况，生产专业化协作水平比较低下。

上述国民经济增长的内部演变模式导致了最终产品、工厂投入、劳动力和资本价格的不断变化，也导致发展中国家与发达国家在需求和消费模式上的差异。所有这些变化和差异最终必然使各国产业结构不同，因为不同的需求和消费模式要由不同的产业结构来满足，一定的产业结构只能满足特定的需求和消费。

②发达国家的技术进步快于发展中国家，技术进步使世界工业结构发生了重大变化。不同国家和不同产业部门的技术进步程度是不相同的。一般趋势是技术进步首先集中于发达国家，集中于部分产业部门；在发达国家里，主要是集中于化工和机械制造方面，包括电机工程、航空与航天和汽车工业等。

2. 转移的根源与对策

产业中心和整个世界经济中心转移的原因是多方面的，有主观的和客观的，有政治的和经济的，有国内的和国际的，有历史的和现实的，等等。单就亚太地区经济崛起的主观原因来讲，主要是亚太地区各国或地区能够根据科学技术的不断进步和市场经济发展的客观要求，从自身的实际出发，制定能够反映产业发展规律性要求的产业政策以及以产业政策为核心的经济发展战略。以日本为例，日本的经济起飞是举世公认的，起飞的重要原因之一就是日本能够正确地确定自己在国际分工体系中的地位，制定扬长避短、变劣势为优势、以产业政策为核心的经济发展战略。

（三）绿色生产力取代灰色生产力

绿色生产力和灰色生产力是两条根本不同的经济发展道路和路线的选择问题。我们坚决选择生产力绿色发展道路。那种片面追求高速度，但资源过度消耗、生态破坏严重、环境污染严重的灰色生产力发展道路，必然被绿色生产力发展道路所取代。在保持生态平衡、避免环境污染的前提下，实现经济适度增长的绿色生产力发展道路是世界人民的心愿，也是历史的必然选择。

产业经济绿色化是指产业在演进过程中，按照符合自然生态环境系统的有机循环原理建立发展模式，使不同类别的产业部门建立起经济资源利用和再利用的有机循环模式，尽可能地消除生产和消费环节对环境的破坏，达到产业与自然和社会环境共同可持续发展、和谐统一的目的。

20 世纪 70 年代以来，全球性环境问题日益突出，表现为森林面积不断减少、生物多样性锐减、水土流失逐年加重、温室气体含量不断增加、臭氧层耗竭不断加剧、土地沙化日趋严重等。在经历了大自然的无情报复，并为此付出沉重代价之后，世界各国都开始了深刻反思，并联合起来共同重建全球的生态系统。由于自然资源具有稀缺性和不可再生性，产业经济的发展不能以耗竭自然资源和损害环境为代价，而应谋求与自然环境协调发展。产业经济的绿色化，要求在维护生态平衡的基础上合理开发自然，把人的生产方式、消费方式限制在生态系统所能承受的范围内，建立以人与自然和谐发展为特征的产业发展模式，使产业经济发展走向绿色化。

世界范围内的生态革命，促成了生态与产业成为一种新型的互动关系。这种关系一方面表现为产业绿色化含量不断提高，另一方面形成了广泛的生态产业化现象。以生态产品的生产、使用、回收再利用为基本内容的新兴生态产业不断发展，最终形成生态产业一体化和复合化，传统的三次产业向绿色化方向发展。

（四）工业国取代农业国

我国工农业结构发展趋势的转移阶段可大致表述为农业国、农业工业国、工业农业国、工业国。这个发展阶段划分的具体标准，主要看在它的社会生产总值和工农业总产值中现代化工业产值逐步占优势的程度，以及现代化大工业以先进技术装备国民经济各部门的能力。

在农业国中，现代化大工业还没有发展起来，在工农业总产值和社会生产总值中处于劣势，没有能力以先进技术装备国民经济各部门，农业在工农业总产值和社会生产总值中占绝对优势，以手工劳动为主。

在工业国中，现代化大工业有了高度发展，在工农业总产值和社会生产总值中占绝对优势，已用先进技术装备了国民经济的各部门。

世界上发达国家和发展中国家的历史都反复证明，发展中国家要变成发达国家，要经历由农业国向工业国的转移过程。这是不以人们的意志为转移的客观规律，外国是这样，中国也不例外。从这种意义上讲，当今的世界各国都应采用工业立国的国策，对我们这样一个人口多、耕地少、国内生产总值低的社会主义大国来说，除了工业立国外别无他途。

这种由农业国向工业国转移的客观必然性，主要是由现代化大工业在国民经济中的主导地位、生产资料优先增长的原理、在科学技术不断进步基础上农业劳动生产率的提高和在生产发展基础上人民收入水平的提高所决定的；简而言之，是用现代化工业改造农业，实现"农业工厂化"的表现。

这里需要指出的是，作为对农业产品长期短缺的一种补偿，在一段时间内使国家的农业在工农业和整个社会生产总值中处于相对上升的状态，是不可避免的，也是合理的；但是，必须清醒地看到，这种上升状态只是暂时的，是一种特殊情况，而不是长期趋势。

（五）原材料相对有余取代原材料相对不足

在发达国家中，原材料工业与制造工业脱节，已成为产业结构的大趋势，即原材料工业比重相对下降、制造工业比重相对上升的趋势。

彼得·德鲁克指出，原材料经济和工业经济的脱节是世界经济中发生的一个主要的结构性变化。德鲁克分析，原材料需求下降是因为工业生产逐步脱离原材料密集型的产品和加工程序，一些传统工业对原材料的需求也下降，对能源的依赖程度也在下降。塑料在原料方面的成本还不到钢的一半，而汽车车身的生产已经部分地用塑料取代钢。所有这些都说明，原材料经济和工业经济的脱节是科学技术进步的必然结果和主要表现。

第二章 产业规制与关联

第一节 产业规制

一、产业规制理论概述

(一) 产业规制的理论基础

施蒂格勒提出,产业规制理论的"中心任务是解释谁从管制得益,谁因管制受损,管制会采取什么形式,以及规制对资源配置的影响",即解决为什么规制、怎样规制、规制如何有效等问题。围绕着上述任务的研究,先后发展和形成了几种代表性的规制理论。

1. 公共利益理论和规制俘获理论

公共利益理论和规制俘获理论是为解释规制的目的而发展起来的两派理论。

在存在公共物品、外部性、自然垄断、不完全竞争、不确定性、信息不对称等市场失灵的行业中,为了纠正市场失灵的缺陷,保护社会公众利益,应由政府对这些行业中的微观主体行为进行直接干预,从而达到保护社会公众利益的目的。这就是政府管制的"公共利益理论"。由此可见,公共利益理论认为规制的目的就是增加公众福利,弥补市场缺陷带来的效率损失。公共利益理论脱胎于福利经济学,由于其坚持的"保护公众利益"原则而在很长一段时期内在规制经济学中居于统治地位。该理论的中心结论,是政府规制对社会的公正和效率需求所做出的无代价、有效而仁慈的反应,政府规制针对私人行为的公共行政政策,是从公共利益出发而制定的规则,目的是为了控制企业对价格进行垄断或者对消费者滥用权力。并且,政府在规制时可以代表公众对市场做出一定理性的计算,使规制过程符合帕累托最优原则。这样,规制不仅能在经济上富有成效,而且能促进整个社会的完善,使收入分配更加公平,增加公众福利。公共利益理论的主要局限,是其主要适用于存在外部性的自然垄断产业的规制,而现实世界大量被规制的产业既不是自然垄断产业,也不具有外部性。

规制俘获理论是在对公共利益理论的批评中发展起来的。规制经济学家们发现，诸多产业规制的实践表明规制是在朝着有利于生产者的方向发展，规制提高了生产者的利润，反而损害了社会公众的利益。即使在自然垄断行业，规制对于价格的作用也甚微，生产者还是能赚取正常利润之上的利润。这与公共利益理论是相违背的。基于上述事实结合自己的分析，施蒂格勒在1971年发表的《经济规制论》一文中提出：规制通常是产业自己争取来的，规制的设计和实施主要是为规制产业自己服务的。也就是说，规制主要不是政府对社会公共需要的有效和仁慈的反应，而是产业中部分企业利用政府权力为自己谋取利益的一种努力，规制过程被个人和利益集团利用来实现自己的欲望，政府规制是为适应利益集团实现收益最大化的产物。以施蒂格勒的上述思想为基础，逐渐发展形成了规制俘获理论。政府规制是为满足产业对规制的需要而产生的——即立法者被产业所俘虏，而规制机构最终会被产业所控制——即执法者被产业所俘虏，这就是政府管制的"规制俘获理论"。该理论的基本观点是：由于难以杜绝的"寻租"与"创租"存在，不管规制方案如何设计，规制机构对某个产业的规制实际是被这个产业"俘虏"，最终规制提高了产业利润而不是社会福利。规制俘获理论的主要缺陷，是没有解释规制如何逐渐被产业所控制和俘虏。

2. 完善性规制理论

完善性规制理论是在研究怎样规制、规制是否有效等问题上发展起来的规制理论，旨在解决"规制失灵"问题。此处介绍两个典型的完善性规制理论：规制博弈理论和激励性规制理论。

（1）规制博弈理论

基于博弈论方法运用发展起来的规制博弈理论认为，规制的产生可以是一个增值的博弈。在这个博弈中，各方都可以成为赢家。在李立威的研究中，政府召集参与方协商，在共同妥协的基础上制定有效的规制政策，使得消费者可以因价格降低获得好处，垄断企业则由国家保护它的专营权而不受竞争者的困扰，避免残酷的竞争而带来的损失，所获得的利益可能大于为消费者降低价格而带来的损失。如此，消费者、企业和政府实现多赢。之所以能实现多赢，是因为具有强制性权力的政府能够迫使各方合作，进行合作博弈思想指引下的规制政策设计，并监督合同的执行。

（2）激励性规制理论

激励性规制理论主要研究规制中的激励问题，是在信息不对称的假设条件下，运用机制设计的理论和工具，以最优规划为目标，探求规制的激励机制。其目的，是设计合理的制度来克服传统规制的缺陷，给予被规制企业提高内部效率的激励，提高规制的有效性规制。经济学家已经提出了一系列的规制激励理论模型，代表性的是法国著名经济学家拉丰和泰勒尔的"利益集团政治的委托代理理论"。该理论承认规制者可能被受规制的企业或其他利益集团俘获而与之合谋，提出了包括企业等利益集团、规制机构、国会在内的三层机构规制体系，在更复杂的体系框架中探讨规制激励机制。该理论认为，利益集团之所以要干预政治决策或规制，是因为这关系到他们的切身利益，当切身利益大于俘获规制机构的成本时，他们就会采取干涉政治决策或规制的行为。此时为使规制有效，需要制定一套减少或阻止规制机构被俘获的激励机制。拉丰和泰勒尔构思了多种具体的激励机制模型，包括利益集团与规制机构无合谋的规制模型、利益集团与规制机构合谋下的规制模型、多重利益集团存在的规制模型等。激励性规制主要有几种形式：特许投标制度、区域竞争（标杆竞争）制度、价格上限规制、社会契约制度等。

3. 可竞争性市场理论

传统的规制经济学理论认为，当产业中由于规模经济从而垄断存在时，会干扰市场机制的运行，无法实现完全竞争的效率，需要进行规制。

可竞争市场的基本假设条件是：①企业进入和退出市场（产业）是完全自由的，相对于现有企业，潜在的进入者在生产技术、产品质量、成本等方面不存在劣势；②潜在进入者能够采取"打了就跑"（Hit-and-Run）的策略，甚至一个短暂的盈利机会都会吸引潜在的进入者进入市场参与竞争，而在价格下降到无利可图时它们会带着已获得的利润离开市场，即它们具有快速进出市场的能力，退出时不存在沉没成本等任何障碍。在以上的基本假设条件下，可竞争市场理论认为：由于潜在进入者能够迅速进出市场，威胁是可信的。在位公司由于担心潜在进入者的进入而不得不制定一个接近生产成本的合理价格，并维持一个近似于竞争性市场的产量；即使在自然垄断产业，只要是可竞争的，垄断者也会制定一种合理的价格以获得平均利润，而不是制定垄断高价。

可竞争市场分析的基本收获，是使我们认识到垄断并不必然导致福利损失。相反，在一定的假定条件下，在可竞争市场的垄断均衡中，企业能在其财务可行性约束下实现福利（生产者和消费者剩余之和）最大化。从而，自由放任能够比通过行政手段或者反托拉斯手段主动管制更有效地保护公共利益。由此，可竞争性市场理论的主要政策主张是：政府无须对企业进行规制或者应该放松规制，只需要减少或消除产业的进入退出障碍，形成可竞争性的市场环境。

（二）产业规制的内涵及相关理论范畴

1. 产业规制的内涵

规制（Regulation）是指政府根据一定的法规对市场活动所做的限制或制约，产业规制则是政府对产业经济主体及其行为的规制。具体而言，所谓产业规制是指政府为实现某些社会经济目标，对产业经济主体做出的各种直接的和间接的具有法律约束力的限制、约束、规范，以及由此引出的政府为督促产业经济主体活动符合这些限制、约束、规范而采取的行动和措施。产业实施规制的目的，在于维持正当的市场经济秩序，限制产业内的市场势力，提高资源配置效率，保护大多数社会公众的利益。

2. 产业规制的作用

产业规制的作用主要是：维护市场公平竞争，防止不正当的竞争行为；限制或者消除垄断，规范垄断企业的行为，解决规模经济与竞争的矛盾，实现有效竞争，促进资源的有效配置；克服垄断带来的供给不足、价格过高等缺陷，维护消费者的利益；提供良好的产业环境，保障企业顺利发展。

但是，由于政府规制机构和人员存在着信息不完全和利益局限性（指政府机构和人员有着自己的个体利益，不一定总能代表社会、全局利益），再加上相关利益集团的游说、公关影响，产业规制有可能出现"规制失灵"现象。这主要表现在：不该限制的限制了，该限制的没有限制；应该多限制的少限制了，应该少限制的多限制了；规制成本大于规制收益，规制得不偿失；没有有效地解决规模经济与竞争之间的矛盾，对于市场机制过多地限制了，保护了垄断者的利益，损害了社会和消费者的利益。克服规制失灵，要求政府机构及人员尽可能克服信息不完全和利益局限性问题，提高规制政策的科学性和实施水平，加强对利益集团游说、公关的监管，以此尽量保证规制的有效性。

3. 产业规制的成本和收益

产业规制需要付出成本，同时也会带来收益，规制是否有效取决于规制收益与收益成本的比较。

产业规制的过程通常包括规制立法、规制执法、法规的修改与调整、放松或解除规制四个阶段，每个阶段都会发生一定的成本，产业规制的成本就是规制的立法成本、执法成本、法规修改与调整成本以及放松或解除成本之和。其中，规制执法成本即规制运行成本所占比重最大。规制运行成本的发生，主要原因在于规制者（管制机构）和被规制企业的目标不一致。规制者强调社会分配效率以实现社会经济福利最大化，被规制企业则偏重于生产效率，以尽可能少地承担社会责任以实现利润最大化，两者目标的不一致，导致规制者和被规制企业在规制过程中行为的偏离。规制者的规制效率在很大程度上取决于其所掌握的规制信息的完备程度，但由于其与被规制者之间存在的严重信息不对称问题，规制者与被规制企业之间会发生"规制博弈"（Regulatory Game）。政府规制机构总是要求被规制企业提供尽可能多的信息，而被规制企业则往往采取一定的策略应付规制者的信息要求，以垄断真实信息。例如，在 1984 年英国电信产业规制体制改革前，作为垄断企业英国电信公司曾公布许多成本、质量指标，但规制体制改革后私有化的该公司，就以这些信息涉及商业秘密为由拒绝提供。如此，规制机构得不到被规制者的合作，就只能通过雇用大量的工作人员去收集这些信息，从而产生大量费用开支；此外，作为被规制对象的企业，也总是采取一些对规制者的游说、谈判、行动预判活动，以尽可能减轻规制对自己的影响，这也带来较大的费用投入。上述两方面成本使得规制运行成本保持一个较高的数量。

理论上，规制收益等于规制实施后消费者剩余和生产者剩余的总增加量。但由于作为心理感觉的剩余难以测量，实际上常常用实施规制后消费支出的减少数量和生产者因效率提高而增加的收益数量的加总数来衡量规制收益。

对规制进行成本和收益分析的意义，在于评价某项规制是否有效。施蒂格勒提出，如果规制成本小于消费者剩余增量和生产者剩余增量之和，则规制增加了社会福利，规制的社会成本是负的，那么规制是有效的；相反，如果规制造成垄断，管制的社会成本就是正的，即管制是无效的。

4. 放松规制与加强规制

产业规制的实践中，经历了加强规制—放松规制—放松规制与加强规制并存的过程。20 世纪 70 年代以前是传统的规制时期，以公共利益理论为支撑的产业规制得到较广泛的实施。但是随着产业规制实施的深入，人们逐渐认识到规制存在的局限性。第一，规制制约了企业的经营自主权，不利于发挥企业的创新能力，阻碍了资源使用率的提高。第二，进入规制和数量规制会导致企业间过度的"配额"交易，使资源难以达到规制目标所要求的最佳配置状态。所谓配额交易，是指企业之间为谋求特定经济利益，而从事的公开或暗中买卖政府有关规制分配指标或允许进入的有关文件等行为。比如在政府实施进入规制的产业中，未获准进入的企业往往倾向于公开或暗中收买获准进入企业的有关进入特权，以谋取由这种进入特权所可能获得的经济利益。第三，规制往往容易带来"寻租"（Rent Seeking）行为。所谓"寻租"是指存在产业规制时，企业通过种种合法或是非法手段谋求政府有关部门或是负责官员的某种"照顾"，以获得非直接生产利润。第四，规制有时存在着规制的不经济性，使得规制成本超过规制收益。上述问题的存在，使得产业规制失效。

规制实践中出现的规制无效问题，使得 20 世纪 70 年代以后理论界产生了放松规制的理论主张，如前述规制俘获理论、可竞争市场理论。放松规制是指减少或取消原有的规制，放松规制的首要目的是引入竞争机制、减少规制成本、促使企业提高效率。

20 世纪 80 年代以来，随着经济发展水平的提高，对生活质量、社会福利等问题关注的加强，全球范围内出现了放松规制与加强规制并存的现象。一方面，各国在逐步完善经济规制，对经济性规制产业放松规制；另一方面将关注点更多地投向了社会性规制领域，社会性规制在政府规制中的地位与作用逐步提高，规制的领域不断扩展，规制的方法与手段也在不断改进。未来，社会性规制将成为政府规制中一个日益重要的组成部分。

（三）产业规制的内容

产业规制的初期，主要关注被规制企业的市场进入与产品定价问题，这些是属于经济性规制的范畴。但随着社会的发展，产业规制越来越重视环境保护、产品质量安全等社会问题的规制，这些属于社会性规制的范畴。产业规制主要包括经济性规制和社会性规制。

1. 经济性规制

经济性规制主要针对存在自然垄断和不正当竞争行为的产业，主要包括自然垄断产业，也包括一些竞争性产业。经济性规制主要通过以下方式实施：一是对企业进入退出产业或对产业内竞争者的数量进行规制，规制方式如发放许可证、实行审批制、制定较高的进入标准等；二是对所规制企业的产品或服务定价进行规制，即费率规制；三是对企业产量进行规制；四是对产品质量进行规制；等等。

2. 社会性规制

社会性规制是以保障居民生命健康、防止公害和保护环境等为目的所进行的规制。这一规制不针对某一特定产业，是为实现某一社会目标而实施的超行业规制。社会性规制的方式如下。

（1）直接限制

具体的规制手段包括：①禁止特定行为，是直接禁止因公共物品、外部性、信息不对称所带来的消费者受害的行为及不良社会行为，如禁止排污、发布非法广告、持有毒品等；②限制经营性活动，通过批准、认可制度对提供某些产品或服务的对象进行营业场所的限制，如禁止未成年人进入某些营业场所；③资格制度，是指从事与健康、安全、环保有关的经营活动，必须通过有关部门对其专业知识、经验、技能等的认定和证明，包括执行资格限制（如医生、律师等）、业务必备资格（如危险管理等）、专业技能资格（如程序员）等；④检查与鉴定制度，是为了确保产品的安全和设备的安全运转而规定有关部门或对象有义务进行各种检查（如定期检查、事前事后检查等）；⑤基准与认证制度，是指从确保产品的安全性和设备运转的安全性出发，制定其结构、强度、爆炸性、可燃性等安全标准，没有经过鉴定或没有表明通过认证标志的产品，则禁止销售和使用。

（2）行政手段

行政手段是指政府依据安全、健康与环境等社会性规制的基本政策，结合商法、民法等相关法律规章，运用行政权力向规制对象的违反法规行为予以罚款、赔偿等制裁。行政手段是一种比较常见的社会规制方式，强调对违反法规的行为进行惩罚，因此又称为"规章性规制"。

（3）经济手段

经济手段是指利用经济利益关系对规制对象的活动进行调节的规制政策措施。社会性规制的经济手段，又包括"诱导型规制"和"诱因型规制"两类。诱导型规制具体包括：税收和收费，如税收优惠；补贴，如财政补助、低息贷款、奖励等。诱因型规制具体包括：市场的开创，如排污权交易市场；押金返还制度。

（4）信息提供与公开

针对信息不对称问题，政府可以利用行政法规手段，强制企业向市场提供完备的信息，如公开产品质量等级、适用范围等。政府还可以通过产品质量检查、市场调查等方式收集信息，向市场展示有信誉的企业的信息。

二、自然垄断产业的规制

（一）自然垄断产业相关理论概念

1. 自然垄断产业的内涵

传统意义上的自然垄断，是指一个企业能以低于两个或者更多的企业的成本为整个市场供给一种产品或劳务，以此形成的对整个产品或劳务市场的垄断。这种传统意义上的自然垄断是指强自然垄断，即一个企业相比两个或多个企业供给整个市场的产品或劳务，将降低平均成本，从而总成本降低。

通俗的理解，自然垄断产业是指由于某些特定的经济要求而自然形成垄断的产业。这些特定的经济要求主要是规模经济、范围经济和成本部分可加性。

2. 自然垄断产业的形成原因

（1）规模经济

长期平均总成本随着产量增加而降低的经济现象，称为规模经济。在一些日常生活用品产业，由于消费者需要长期稳定的低价产品供应，政府为维护社会稳定也有此需求，从而全社会对这些产业的规模经济性具有强烈要求，自然垄断就成为这些产业最好的选择。规模经济解释了产品单一领域产业的自然垄断的产生。

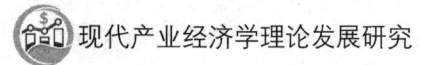

（2）范围经济

一个企业生产多种产品的成本低于几个企业分别生产它们的成本的经济现象，称为范围经济。范围经济是企业开展多元化经营的内在动力来源，由于范围经济的存在，从事联合生产的企业具有相对单独生产某一种产品的企业的竞争优势。市场竞争的最终结果，是前者兼并后者，形成垄断局面。范围经济解释了联合生产领域产业的自然垄断的产生。

（3）成本次可加性

如上文所述，成本部分可加性即成本次可加性的存在，使得独家垄断经营的总成本小于多家分散经营的成本之和。从而，即使产业中规模经济不存在，或即使平均成本上升，只要存在成本弱增性，该产业仍然可能是自然垄断产业平均成本下降一定造成自然垄断，但自然垄断不一定就会使平均成本下降，成本次可加性的存在，增加了自然垄断产业形成的产业来源。

3．自然垄断产业的特征

（1）垄断性

自然垄断产业一般都是规模经济效益显著的行业，而且均为一次性投资行业，规模愈大，生产成本愈低。例如，煤气公司要输送煤气，就必须铺设管道，而铺设管道的成本是非常高的，但一旦铺设完毕，向管道注入更多的煤气则不需要更多的资金投入，以至于边际成本趋向于零。如果多个企业之间进行竞争，势必导致重复建设，造成资源的大量浪费。因此，一般要求由一家企业进行垄断性经营。

（2）网络经济性

自然垄断产业一般具有网络经济的特征，依赖一定的产业网络为市场提供商品和服务。如果没有这些产业网络，企业的产品则无法流转到社会消费领域。网络经济性的存在给产业带来的好处，是规模经济效益突出，网络越庞大，边际成本越低，边际投资效益越大。

（3）资产专用性

自然垄断产业所投资的产业网络设施，折旧时间长、变现能力差，形成了巨量固定资产。这种固定资产往往具有专用性，很难用于其他用途，所以资金一旦投入就很难收回，大量转变为资本沉淀。

（4）公益性

自然垄断行业主要是为社会公众提供公共服务的行业，它所提供的私人边际效用小于其社会边际效用。比如电力产业所提供的效用，就不仅仅为电力消费者所享有，而且还对整个社会的生活和生产、整个社会的正常运转具有至关重要的作用。

（二）自然垄断产业的规制

对自然垄断产业的规制，已经具有非常丰富的实践做法和经验。总体上，对自然垄断产业的规制主要包括进入规制、价格规制、质量规制、联网规制、对企业内部业务交叉补贴行为的管制等。

1. 进入规制

出于维护自然垄断的需要，规制机构会对自然垄断产业的进入做出较强规制，以此保障一家或极少数几家企业获得经营权，承担产业的供给责任，且不能自由退出。进入规制的主要方式包括许可制、注册制、申报制。

（1）许可制

许可制指对在法律上被禁止的企业行为，如卡特尔，规制机构根据其实际情况予以有限的解除，具体措施包括颁发许可证、政府特别的许可文件等。

（2）注册制

注册制是由规制机构先审查申请进入某产业或某领域的企业的资格，然后准许其进入，并在履行有关工商注册程序后进入。如果经审查发现企业不具备有关资格条件，则政府拒绝注册，不允许其进入。具体的措施，包括颁发工商营业执照等。

（3）申报制

申报制是指准备进入某产业的企业，必须按照一定的程序向规制机构提出申报，如果申报被接受即可进入，否则不准进入。具体的措施，主要有政府颁发的有特定格式的申报文件等。

2. 价格规制

自然垄断产业中如无外部的限制，为攫取垄断利润，企业必然会给产品定高价。对自然垄断产业的价格规制，通常采取公平报酬率规制。公平报酬率是以完全竞争条件下形成的均衡价格中所包含的正常利润为基础的概念，计算公式为：

公平报酬率 =（负债资本/资本总量）×负债资本率 +（自有资本/资本总量）×自有资本的合理利润率

其中，负债资本率按长期资金的借入利率来确定，自有资本的合理利润率按长期资金的存款利率来确定。

确定公平报酬率后，规制机构根据其来对企业的定价进行规制，如果企业的实际报酬率高于公平报酬率，规制机构则要求企业修正价格。公平报酬率规制的弊端，是会产生所谓的"A-J效应"（阿弗奇—约翰逊效应），即有保障的报酬率使得企业投入资本越多所获得的报酬也越多，由此导致自然垄断企业过度资本化，降低资本资源的利用效率。

除公平报酬率规制，自然垄断企业价格规制的内容，还有规定成本核定方法、规定价格的上下限、规定价格变动的审批程序等。

3. 质量规制

随着对自然垄断产业的价格规制的实施，在确定的利润率水平下，垄断企业可能会想方设法降低产品质量以减少成本支出，因为需要对垄断企业实施质量规制。政府为促进垄断企业提高产品质量的管制措施是多方面的，例如：在价格管制中考虑服务质量因素，把企业的最高限价与质量水平挂钩；对低质量的服务进行经济惩罚；等等。

4. 联网规制

具有网络经济特征的自然垄断产业，联网的范围越大越有利于提高资源的使用效率。但是，由于垄断因素的存在，产生了阻碍联网的非市场化行为。如果是完全竞争的市场，为了使尽可能多的消费者通过自己的网络获得服务，以此占据更多市场份额，企业之间的联网行为是自发、主动的市场竞争行为；如果是完全垄断的市场，则联网行为只是垄断企业组织内部的事情。但当网络市场上是一种不完全竞争的状态时，具有垄断能力的企业，会采取非市场化措施排斥其他企业的联网要求，这时需要政府对其联网行为进行规制，新企业进入垄断性产业时，与产业内原有的主导性企业之间的竞争效果取决于企业之间的联网条件，拥有庞大网络的垄断企业完全有能力拒绝其他企业的联网，或者指定尽可能高的联网成本价格而排斥其他竞争者，这不利于社会资源优化配置，因此政府需要对垄断企业的联网条件进行规制；政府联网规制的主要措施是制定有关联网管制价格和联网条件，保证企业有同等权利并以合理的价格使用网络，使网络成为垄断型产业的公共通道，对于联网行为的规制，在电信行业中最为典型。

5. 对企业内部业务交叉补贴行为的管制

现实中，许多垄断性产业既存在垄断性业务，也存在竞争性业务，不少企业同时经营着这两类不同性质的业务。这些企业为了增强竞争性业务的优势，会通过内部转移各种业务的成本赢得竞争。这就是企业内部业务间交叉补贴（Cross-subsidization），即企业以垄断性业务的高利润弥补竞争性业务的微利或者亏损垄断性产业中，企业内部业务间交叉补贴的行为普遍存在。如在电力产业中，电网运营业务是垄断性的，但发电、电力设备供应、电力销售业务是竞争性的；在电信产业中，有线通信网络业务（指市内电话和长途电话）是垄断性的，而通信设施供应业务是竞争性的，如果允许有关企业对所有业务实行垂直一体化经营，这些企业就会采取内部业务间交叉补贴战略，这是一种不正当的竞争行为。并且，企业内部业务间交叉补贴行为还使接受垄断性服务的消费者承担过高的价格，而使接受竞争性服务的消费者享受过低的价格，由此造成的消费者之间收入再分配效应扭曲了社会分配效率。因此，政府应对这种行为进行规制。有效的规制措施，可以对垄断性业务和竞争性业务进行分离。根据垂直一体化经营的范围经济性，对垂直一体化经营企业可以采取不同业务间财务上的分离，也可以采取"经营权"的分离。

三、竞争性产业的规制

产业规制不仅仅应用于自然垄断产业，同时也被应用于竞争性产业。其原因是克服信息不对称导致的市场失灵，限制市场中的过度竞争，以及保障产品质量以维护消费者利益。不过，不同于自然控断产业，对于竞争性产业的规制，一直处于实施规制与放松规制两种方向的争论与实践之中。

（一）金融业

1. 金融业规制的必要性

首先，政府通过金融业规制可以纠正金融市场在市场失灵情况下出现的资源配置低效率和分配不公正等问题，以提高整体的社会福利水平。

其次，金融业存在着显著的规模经济性，导致企业有着无限度扩张的动力，现代金融企业往往成为"巨无霸"式企业。这使其他企业进入障碍加大，竞争减少，带来金融从业人员素质下降、服务质量不高、运行效率低下等一系列不完全竞争带来的问题。通过政府的规制，可以克服这些问题。

再次，金融业往往具有显著的外部性。比如，银行的破产会使相关企业和个人蒙受经济损失，并有可能引发社会恐慌，导致挤兑的发生；上市公司因为虚假信息披露被停牌和调查，会影响投资者对股票市场的预期，导致大盘指数下跌。基于此，需要政府的干预来限制金融业的负外部性。

最后，金融业存在着广泛的信息不对称问题。信息不对称，使得金融业中的道德风险和逆向选择现象大行其事，严重损害消费者的利益，需要政府施加干预来尽可能减少信息不对称带来的危害。

2. 金融业规制内容

（1）市场准入和合并规制

市场准入规制是有效规制金融业的首要环节，主要针对企业的开业审批和管理。各国金融法一般规定，银行或其他金融机构开业必须先向金融规制机构提出申请，经审核批准发给执照后，方可开业经营，否则不能作为合法金融机构经营。重要审核标准一般包括：资金是否充足；从业人员任职资格；资本结构；经营管理的专业化程度等。合并规制主要对带来集中度显著提高和不合理竞争的金融业合并行为进行限制。

（2）业务范围规制

各国对金融机构的业务范围进行了严格的限制，特别是对银行的非银行业务予以不同的限制。在美国，美联储负责制定银行的贷款政策，并严格划分商业银行和投资银行及银行业与证券业、保险业的界限；在法国，法兰西银行（中央银行）受命于国家信贷委员会，对一定时期各银行贷款数量加以控制，并根据银行法对金融机构之间或者外汇业务实施严格的监管。

（3）资本充足率和存款准备金规制

各国金融监管机构都通过立法或其他形式，规定了金融机构资本的构成和充足率标准。《巴塞尔协议》规定，凡经营国际业务的金融机构，总资本与风险资本比率最低为8%。其中核心资本要占全部资本的50%。由于资本充足率与银行的准备金存在着内在的联系，各国金融监管机构都制定了存款准备金制度，合理规定和允许适时调整商业银行和其他金融机构上缴中央银行的存款准备金率，并确保银行的准备金是在充分考虑谨慎经营和真实评价业务质量的基础上提取的。

（4）金融市场利率规制

利率规制通常由中央银行依法规定基准利率及其浮动区间，各银行可根据实际情况灵活调整利率水平。

（二）高新技术产业

高新技术产业从生产投资到最终成果转化需要较长时间，这一过程中的各个环节都存在着信息不对称问题；高新技术产业一般拥有某些技术的专利权或某项知识产品的知识产权，从而在一定时间内拥有垄断权和排他性使用权；高新技术产业均具有不同程度的技术外溢性，即外部性。基于上述特征，有必要对高新技术产业实施规制。

第一，信息不对称规制。信息不对称主要存在于两方面：一是研究机构与企业之间缺乏通畅的信息通道；二是企业与孵化器之间信息不对称，出现孵化器选择不当和孵化企业选择不当现象。对于前者，主要是推动建立产、学、研合作机制。对于后者，政府一方面要建立企业与孵化器之间的中介评估机构，减少双方的信息不对称；另一方面要加快相关法律的制定，规范孵化器市场，确保双方信息的真实性。

第二，外部性规制高新技术具有较强的外部性，如果不加以合理规制，保障高新技术企业的合理利益，则会影响企业研发技术的积极性。政府一般会对高新技术创新者的专利权、专有权、收益权施加保护，以此激励高新技术的研发。政府还会通过提供相关公共产品和服务，如建立研发基础设施、提供智力保障等，来支持高新技术的研发活动。此外，政府还会对高新技术企业提供税收优惠，给予适当的财政补助，以扶持高新技术企业的发展。

第三，法律规制。法律规制是政府运用法律手段对被规制产业进行限制、约束和规范以及督促经济行为主体符合这些限制、约束和规范的行为和措施。为保障、扶持高新技术产业的发展，很多国家都制定了相关法律法规。如我国，制定了《技术成果转化法》《专利法》《科技进步奖励条例》等法规。

第二节　产业关联

一、产业关联概述

（一）产业关联的含义

产业关联又称为产业联系，是指产业之间在经济技术上的数量比例关系，主要包括投入产出、供给需求的数量关系。产业关联理论描述了国民经济活动中各个产业之间广泛、复杂和密切的经济技术联系，其实质是揭示了如何在数量上对各个产业进行优化配置资源的问题。通过产业关联分析确定了国民经济中各个产业间的投入产出数量，也就决定了各个产业应该配置的资源数量。

（二）产业关联的种类

按照不同的分类方法，产业关联可以划分若干不同的种类。

1. 按联系的内容分

按照各个产业之间联系的内容，产业关联可以分为产品或劳务联系、生产技术联系、价格联系、劳动就业联系和投资联系。

（1）产品或劳务联系

国民经济活动中，各个产业之间必须相互提供产品或劳务，才能维持社会再生产的进行，这种联系就是产品或劳务联系，是产业关联中最基本、最广泛的联系形式。例如煤炭业向电力业提供煤，电力业向钢铁业提供电，钢铁业向机械制造业提供钢材，机械业又为煤炭业、电力业、钢铁业提供各种机械设备，如此等等。

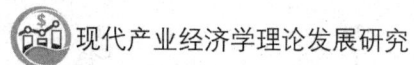

（2）生产技术联系

国民经济活动中，各个产业都有自己特定的生产技术要求和标准，这使得为某个产业提供产品或劳务的相关产业需要满足这个产业的生产技术要求和标准，以这个产业的产品或劳务为投入品的相关产业也要适应这一生产技术要求和标准，这种联系就是生产技术联系。某一产业生产技术的变化，必然引致其与相关产业的投入产出比例的变化。

（3）价格联系

市场经济中，各个产业间的投入产业联系表现为以货币为媒介的等价交换关系，即产业间的价格联系。产业之间的价格联系使不同产业之间不同质的产品或劳务联系，用价格这种中介形式进行统一度量和比较，从而为价值型投入产出模型（见后文）的建立打下了基础。此外，某个产业的价格发生变动，必然会引发相关产业发生连锁反应，带来产业比例关系的变化。

（4）劳动就业联系

国民经济活动中的各个产业，彼此存在着相互促进而又相互制约的关系，一个产业发展或衰退了，必然带来相关产业（主要指替代产业而非互补产业）的衰退或发展。表现在劳动就业上，一个产业发展或衰退会带来就业的增加或减少，伴随的是相关产业就业的减少或增加。这种联系就是劳动就业联系。

（5）投资联系

产业的发展，在很大程度上依靠增加投资来实现。但在投资总量一定的情况下，一个产业的投资增加，必定带来其他产业投资的减少。产业之间投资此消彼长、此长彼消的联系，就是投资联系。

上述产业关联的各种联系中，产品或劳务联系是最基本的一种联系，其他联系都是在其基础之上派生而来的

2. 按联系的方向分

按产业之间联系的方向分，可以分为前向联系、后向联系和环向联系。前向联系是指一个产业向其他产业提供产品或劳务而发生的关联。当 A 产业向 B 产业提供产品时，A 产业与 B 产业的关联就是前向关联关系，B 产业就是 A 产业的前向产业或下游产业。相应地，后向联系是指一个产业需要其他产业的产品或劳务而发生的关联。当 A 产业需要 B 产业提供产品时，A 产业与 B 产业的关联就是后向关联关系，B 产业就是 A 产业的后向产业或上游产业。经济活动中，各产业通过前向、后向关联关系组成了产业链，很多产业通过复杂的技术经济联系会形成一个"环"，这种"环"状的产业关联，称之为产业的环向关联关系。

3. 按照联系的特点分

按照产业之间联系的特点分，可以分为单向联系、双向联系和多向联系。

（1）单向联系

单向联系是指 A 产业为 B 产业提供产品或劳务参与其生产过程，但 B 产业的产品或劳务不再返回 A 产业的生产过程的产业之间的联系，例如，棉花→棉纱→棉布→服装，这种产业间的联系就是单向联系。

（2）双向联系

双向联系是指 A 产业为 B 产业提供产品或劳务参与其生产过程，B 产业也为 A 产业生产过程提供产品或劳务的产业之间的联系. 例如，煤炭业←→电力业，这种产业间的联系就是双向联系。

（3）多向联系

在一系列的产业间，先行产业为后续产业提供产品或劳务，参与其生产过程，同时后续产业的产品或劳务通过一系列的产业链条又返回相关先行产业的生产过程，这种产业间的联系就是多向联系。例如，煤炭业←→钢铁业←→机械制造业←→煤炭业，煤炭业为钢铁业、机械制造业提供能源，钢铁业又为机械制造业、煤炭业提供钢材，机械制造部门则为煤炭业、钢铁业提供机械设备，这种产业间的联系就是多向联系。

二、产业关联分析

（一）产业关联程度分析

1. 产品投入关联度和产品分配关联度

产业之间的关联在于每一个产业的生产都要消耗其他产业的产品，这种关联就是产品投入关联（或生产技术关联）。产品投入关联的程度用直接消耗系数（或投入系数）$a_{ij} = \dfrac{x_{ij}}{x_j}$ 来度量。当某产业 j 要实现一定程度的增长时，通过 a_{ij} 就知道其他产业 i（i=1，2，…，n）的中间产品投入应增加的程度。该系数为确定各产业之间的比例关系提供了准则。

产业之间的关联也在于每一个产业都要向其他产业分配或提供产品，这种关联就是产品分配关联。产品分配关联的程度，可以用分配系数 $d_{ij} = \dfrac{x_{ij}}{x_i}$ 来度量。分配系数 d_{ij} 表示某产业 i 的总产出，以多大比例分配给其他产业 j（j=1，2，…，n），从中可以看出某产业产品的流向及数量大小，同时也反映了该产业对其他产业发展的影响程度。

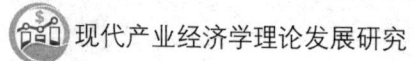

2. 产业关联广度和深度

产业关联广度和深度可以用直接消耗系数 a_{ij} 和完全消耗系数 b_{ij} 来度量，存在如下几种情形：

第一，当 $a_{ij}=0$ 时，表示 j 产业和 i 产业之间没有直接的联系，但不排除有间接联系，进一步当 $d_{ij}=0$ 时，则表明两者之间没有任何联系；

第二，当 $a_{ij}>0$ 时，表明 j 产业与 i 产业之间有直接联系，当 $d_{ij}>0$ 时，表明两产业之间存在联系（间接联系），两个系数值越大，表明两产业之间的关联深度越高；

第三，在第 j 列，大于 0 的 a_{ij} 的个数越多，表明 j 产业与其他产业的直接联系越广，大于 0 的 d_{ij} 个数越多，表明 j 产业与其他产业的联系越广。

产业关联深度也可以更准确地用中间投入在相应的物耗总量中的比重 r_{ij} 来度量：

$$r_{ij} = \frac{x_{ij}}{\sum_{i=1}^{n} x_{ij}} \tag{2-1}$$

r_{ij} 的值越大，表明 j 产业和 i 产业的关联越深。

3. 产业结构

利用投入产出表，可以进行产业结构分析。主要是计算各产业的总产品占全部产业的总产品之和的比重，即可以得到产业结构的比例数据。对于第 i 产业，其比重 q_i 为：

$$q_i = \frac{X_i}{\sum_{i=1}^{n} X_i} \tag{2-2}$$

（二）中间需求率和中间投入率分析

1. 中间需求率

从投入产出表的横行来看，其表明每个产业的总产品都由中间产品和最终产品两部分构成，即每个产业产品的总需求由中间需求和最终需求所构成。中间需求和最终需求的构成比例是反映产业技术经济特征的一个重要数据，可以用中间需求率来表示。i 产业的中间需求率 I_i 就是 i 产业的中间需求 $\sum_{j=1}^{n} x_{ij}$ 和总需求 X_i 之比：

$$I_i = \frac{\sum_{i=1}^{n} x_{ij}}{X_i} \quad (i = 1, 2, \cdots, n) \tag{2-3}$$

中间需求率指标反映了各个产业的产品，有多少作为原料（中间需求）为其他产业产品的生产所需要，反映了各产业在国民经济中的地位和作用。相应地，产业的最终需求率

为（$1-I_i$）。某产业的中间需求率越高即最终需求率越低，这个产业就越带有原材料产业的性质；反之，就越带有最终需求型产业的性质。

2. 中间投入率

从投入产出表的纵列来看，每个产业的总投入等于中间投入和最初投入（净产值）之和，可以用中间投入率指标反映两者之间的构成比例关系。产业的中间投入率 L_j 就是产业的中间投入 $\sum_{i=1}^{n} x_{ij}$ 和产业的总投入 X_j 之比：

$$L_j = \frac{\sum_{j=1}^{n} x_{ij}}{X_j} \qquad (j = 1, 2, \cdots, n) \tag{2-4}$$

中间投入率表示产业生产单位价值的产品需要从其他产业购进的原材料在其中所占的比重。相应的，j 产业的净产值率（增加值率）为（$1-L_j$）。某产业的中间投入率越高，则净产值率越低；反之则相反。

（三）波及效果分析

国民经济中产业之间存在的内在联系，意味着某个产业的发展变化必然会波及与之关联的产业。由于投入产出表反映出了关联产业之间的数量联系关系，这表明通过投入产出表，可以从数量上分析某个产业发展变化所带来的对其关联产业的波及效果。

一般而言，研究者主要通过投入产出表计算感应度系数、影响力系数、产业的生产诱发系数、产业的最终依赖系数、综合就业需要量系数、综合资本需要量系数等，来进行波及效果分析。

1. 感应度系数和影响力系数

任何产业的生产活动通过产业之间的相互关联，必然影响和受影响于其他产业的生产活动。一个产业影响其他产业的程度叫作影响力，受其他产业影响的程度叫作感应度。

（1）感应度系数

里昂惕夫逆矩阵 $(E-A)^{-1}$ 横行上的数值，就是反映该产业受到其他产业影响的程度，即感应度系数的系列，表明其他产业最终需求的变化而使该产业发生变化的程度。横向系数的平均值，可看作该产业受其他产业影响的平均程度。把里昂惕夫逆矩阵中某一产业的横行系数的平均值与全部产业横行系数的平均值相除，就得到该产业的感应度系数 e：

$$某产业的感应度系数\ e = \frac{该产业逆矩阵横行系数的平均值}{全部产业逆矩阵横行系数的平均值} \tag{2-5}$$

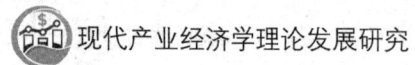

（2）影响力系数

里昂惕夫逆矩阵（E-A）$^{-1}$纵列上的数值，就是反映该产业最终需求的变化对其他产业的影响程度，即影响力系数的系列，表明该产业最终需求的变化而使其他产业发生相应变化的程度。纵列系数的平均值，就是该产业对其他产业施加影响的平均程度。把里昂惕夫逆矩阵中某一产业的纵列系数的平均值与全部产业纵列系数的平均值相除，就得到该产业的影响力系数 f：

$$\text{某产业的感应度系数} f = \frac{\text{该产业逆矩阵纵列系数的平均值}}{\text{全部产业逆矩阵纵列系数的平均值}} \qquad (2-6)$$

利用感应度系数和影响力系数，可以分析各产业在国民经济中的地位和作用。某产业的感应度系数越大，说明该产业受其他产业的影响越大，从而其他产业发展对该产业发展的带动作用越大。某产业的影响力系数越大，表明该产业对其他产业的影响越大，从而该产业的发展对其他产业的拉动作用越大。因此，在需要扩大内需、经济不景气的情况下，优先投资影响力系数大的产业，辅之以发展感应度系数大的产业，可以有效提高投资效应，加快经济的发展，促进内需扩大和经济复苏。

2. 产业的生产诱发系数与最终依赖系数

（1）最终需求诱发产值额

运用里昂惕夫逆矩阵（E-A）$^{-1}$中某一行的数值分别乘以某个最终需求列向量（包括积累列向量、消费列向量、净出口列向量），得到由每种最终需求诱发的各产业的生产额，即最终需求诱发产值额 X_i^S：

$$X_i^S = \sum_{k=1}^{n} A_{ik} Y_k^S (i = 1, 2, \cdots, n; S = 1, 2, 3) \qquad (2-7)$$

式中，X_i^S 表示由第 S 项最终需求所诱发的第 i 产业产值额，A_{ik} 是（E-A）$^{-1}$矩阵中的元素，Y_k^S 表示第 k 产业的第 S 项最终需求额，S=1，2，3 分别代表积累、消费、净出口三个最终需求项目。

（2）产业的生产诱发系数

揭示和认识国民经济各最终需求（积累、消费、净出口）对各产业生产的诱导作用程度，需要分别测算各最终需求对各产业生产的诱发系数 W_i^S，即某产业关于某种最终需求 S 诱发的产值额除以该种最终需求的合计数：

$$W_i^S = \frac{\sum_{i=1}^{n} A_{ik} Y_k^S}{\sum_{k=1}^{n} Y_k^S} \quad (i = 1, 2, \cdots, n; S = 1, 2, 3) \qquad (2-8)$$

（3）产业的最终依赖系数

揭示和认识国民经济各最终需求（积累、消费、净出口）对各产业生产的直接或间接影响程度，需要分别测算各产业生产对各最终需求的依赖系数 Z_i^S，即某产业关于某种最终需求 S 诱发的产值额除以该产业的总产值：

$$Z_i^S = \frac{\sum_{k=1}^{n} A_{ik} Y_k^S}{X_i} \qquad (i = 1, 2, \cdots, n; \ S = 1, 2, 3) \qquad (2\text{-}9)$$

W_i^S 和 Z_i^S 指标具有不同的经济含义和作用。W_i^S 的作用在于认识各最终需求项目对诱发各个产业生产的作用的大小，其经济含义就是当某项最终需求的合计数（如各产业消费需求的合计数）增加一单位时，某一产业由该项最终需求的变化能诱发多少单位的生产额。Z_i^S 的作用在于认识各产业的生产对市场需求的依赖程度，其经济含义是指各产业的生产受到了哪种最终需求多大的支持。需要说明的是，由于使用了里昂惕夫逆矩阵作为工具，产业的最终需求依赖度，不仅考虑了直接的而且还考虑了间接的最终需求对产业生产的影响。

有了最终需求依赖度系数，就可以了解各个产业的生产主要依赖的是消费，还是积累或是出口。据此，可以把产业分类为"依赖消费型"产业、"依赖积累型"产业和"依赖出口型"产业。

3. 综合就业系数和综合资本系数

（1）综合就业系数

综合就业系数是指某产业生产 1 单位产品，在本产业和其他产业（直接和间接）需要的就业人数。综合就业系数的计算需要利用里昂惕夫逆矩阵，计算公式为：

$$(L_1 L_2 \cdots L_n) = (a_{v1} a_{v2} \cdots a_{vn}) \begin{bmatrix} A_{11} & A_{12} & \cdots & A_{1n} \\ A_{21} & A_{22} & \cdots & A_{2n} \\ \cdots & \cdots & \cdots & \cdots \\ A_{n1} & A_{n2} & \cdots & A_{nn} \end{bmatrix} \qquad (2\text{-}10)$$

式中，L_1，L_2，$\cdots$，L_n 分别为 1，2，$\cdots$，n 产业的综合就业系数，A_{ij} 为 $(E-A)^{-1}$ 中的元素，a_{v1}，a_{v2}，$\cdots$，a_{vn} 分别为 1，2，$\cdots$，n 产业的就业系数，其计算公式为：

$$a_{vi} = \frac{i？产业的就业人数？}{i？产业的总产值？} \qquad (i = 1, 2, \cdots, n) \qquad (2\text{-}11)$$

（2）综合资本系数

综合资本系数是指某产业生产 1 单位产品，在本产业和其他产业（直接和间接）需要的资本量。综合资本系数的计算需要利用里昂惕夫逆矩阵，计算公式为：

$$(K_1 K_2 \cdots K_n) = (a_{c1} a_{c2} \cdots a_{cn}) \begin{bmatrix} A_{11} & A_{12} & \cdots & A_{1n} \\ A_{21} & A_{22} & \cdots & A_{2n} \\ \cdots & \cdots & \cdots & \cdots \\ A_{n1} & A_{n2} & \cdots & A_{nn} \end{bmatrix} \tag{2-12}$$

式中 K_1, K_2, $\cdots$, K_n 分别为 1, 2, $\cdots$, n 产业的综合资本系数, A_{ij} 为 $(E-A)^{-1}$ 中的元素, a_{c1}, a_{c2}, $\cdots$, a_{cn} 分别为 1, 2, $\cdots$, n 产业的资本系数, 其计算公式为:

$$A_{ci} = \frac{i? \ 产业的资本额?}{i? \ 产业的总产值?} \quad (i = 1, \ 2, \ \cdots, \ n) \tag{2-13}$$

第三章 产业结构理论

第一节 产业结构及演进规律

一、产业结构概述

(一) 产业结构的概念

产业结构是指国民经济中各产业的构成及其相互关系，基本上可以理解为是产业间的技术经济联系与联系方式。这种产业间的技术经济联系与联系方式存在狭义与广义之分。狭义的产业结构，主要从"质"的角度动态地揭示产业间技术经济联系与联系方式不断发生变化的趋势，揭示经济发展过程中的国民经济各部门，起主导地位的产业部门不断更替的规律及其相应的"结构"效应。广义的产业结构除了以上内容以外，还包括各产业间的数量比例上的关系和在空间上的分布结构（如图3-1）。

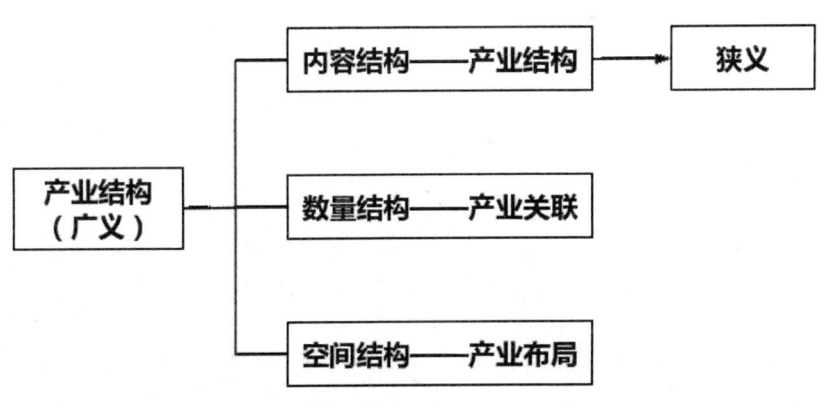

图3-1 狭义和广义产业结构关系图

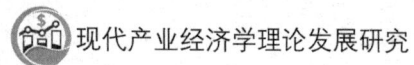

（二）产业结构的类型

1. 三次产业比重不同的结构类型

按照三次产业在国民经济中所占比重不同的方法将产业结构分类，也可以称为三次产业分类法。以社会生产发展阶段为依据，以资本流向为主要标准，把人类的经济活动发展过程分为三个阶段：初级生产阶段，即人类的生产活动主要是农业与畜牧业；工业阶段，即以机器大工业的迅速发展为标志；20世纪初至今，大量的资本和劳动力流入非物质生产部门。与此相应，三次产业的划分也随之产生，即与农业相对应的为第一产业、与工业相对应的为第二产业和以服务业为主的第三产业。

三次产业分类法将产业结构分为1-2-3型、1-3-2型、2-1-3型、2-3-1型、3-1-2型、3-2-1型六种类型。其中，数字1、2、3分别代表三次产业，数字越排在前面，代表的产业部门在国民经济中所占的比重就越大。

1-2-3型产业结构，又称金字塔形产业结构。其中，第一产业在国民经济中所占比重最大，工业和服务业所占比重比较小，工业又以手工业为主，是农业社会或农业国的产业结构。

1-3-2型产业结构中，第一产业在国民经济中所占比重最大，第三产业次之，第二产业比重最小。3-1-2型产业结构中，第三产业在国民经济中所占比重最大，第一产业次之，第二产业比重最小。1-3-2型和3-1-2型产业结构又统称为哑铃形，这种特殊的产业结构具有其自身特点。第二产业在国民经济中所占比重与第一、三产业相比较小，一般情况下是对应于部分发展中国家或地区在特定条件下形成的产业结构。

2-1-3型产业结构中第二产业在国民经济中所占比重最大，第一产业次之，第三产业比重最小，是工业化前期的结构。2-3-1型产业结构中第二产业在国民经济中所占比重最大，第三产业次之，第一产业比重最小，是工业化后期的结构。2-1-3型和2-3-1型产业结构又统称为鼓（橄榄）形产业结构，其特殊性在于第二产业在国民经济中所占比重最大，也就是以制造业为主，这是工业社会或工业国的产业结构。

3-2-1型产业结构，又称为倒金字塔形产业结构。其中，第三产业在国民经济中所占比重最大，第二产业次之，第三产业最小。这是后工业化社会或发达的工业化国家以服务业为主的产业结构。

2. 农轻重地位不同的结构类型

在马克思两大部类分类法的基础上，包括我国在内的一些社会主义国家，在计划经济时代，都长期使用过以物质生产的不同特点为标准的分类方法，即"农轻重分类法"。这种方法按照农业、轻工业、重工业在产业结构中的地位不同，将产业结构分为重型产业结构、轻型产业结构和以农为主型产业结构。

重型产业结构是以重工业为主的产业结构，包括冶炼、钢铁、煤炭、化学、电力等工业，这是处于工业化中后期的大部分国家或者强调发展重工业的国家的产业结构；轻型产业结构是以轻工业为主的产业结构，包括纺织、服装、印刷、食品、家具等工业，这是处于工业化初期的国家的产业结构；以农为主型产业结构，包括种植业、养殖业、畜牧业和渔业等，这是没有实现工业化国家的产业结构。其中，重型产业结构又有两种不同的类型：一是以原材料、燃料、动力、交通运输、基础设施等基础工业为重心的重型结构，这是重工业化前期的产业结构；二是以高加工度制造业为重心的重型结构，这是重工业化后期的产业结构。

3. 生产要素需求不同的结构类型

按照不同产业在生产过程中对生产要素的需求种类和需求依赖度的不同，将产业结构分为劳动集约型产业结构、资本集约型产业结构和技术集约型产业结构。

①劳动集约型产业结构，是指在生产过程中对劳动的需求和依赖度较大、资本的有机构成较低的产业，在生产中主要消耗的是劳动。通常某个产业对劳动力的依赖程度可用产业的就业系数等指标来衡量，例如，食品、纺织、服装等就是典型的劳动集约型产业结构。

②资本集约型产业结构，是指在生产过程中对资本的依赖度较大，资本的有机构成较高的产业，在生产中主要消耗的是物化劳动，例如钢铁、石油等就是公认的典型资本集约型产业结构。

③技术集约型产业结构，指在生产过程中依靠大量科学技术知识和先进的工业技术生产的产业部门，通常具有产品的物耗小而附加值高的特点，例如计算机、航天、生物、高分子、新能源等新兴产业。

4. 产业层次发展不同的结构类型

按照产业发展程度、技术水平、生产要素密集度、加工程度和附加值大小的不同，产业结构可以分为初级产业结构、中级产业结构、高级产业结构。

初级产业结构，是发展水平最低的产业结构，以技术落后产业、劳动密集型产业、加工度比较低和附加值比较小的产业及第一次产业为主的产业结构；中级产业结构，是发展水平中等的产业结构，以技术水平较高产业、资本密集型产业、加工度比较高和附加值比较大的产业及第二次产业为主的产业结构；高级产业结构，是发展水平最高的产业结构，以高新技术产业、技术密集型产业、高加工度和高附加值的产业及第三次产业为主的产业结构。

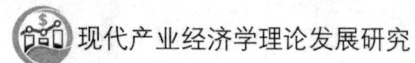

二、产业结构演变的一般趋势

（一）从工业化发展的阶段角度

产业结构的演进可以分成以下几个阶段：前工业化时期、工业化初期、工业化中期、工业化后期和后工业化时期。在不同阶段，产业结构的发展是沿着由低级向高级走向高度现代化的发展进程。在前工业化时期，第一产业占主导地位，第二产业有一定发展，第三产业的地位微乎其微。在工业化初期，第一产业产值在国民经济中的比重逐渐缩小，其地位不断下降；第二产业有较大发展，工业重心从轻工业主导型逐渐转向基础工业主导型，第二产业占主导地位；第三产业也有一定发展，但在国民经济中的比重还比较小。在工业化中期，工业重心由基础工业向高加工度工业转变；第二产业仍居第一位，第三产业逐渐上升。在工业化后期，第二产业比重继续下降；第三产业继续快速发展，其中信息产业增长加快，第三产业产值比重在三次产业中的地位占支配地位，甚至占绝对支配地位。在后工业化时期，产业知识化成为主要特征。

（二）从主导产业的转换角度

产业结构的演进有以农业为主导、轻纺工业为主导、原料和燃料动力等基础工业为重心的重化工业为主导、低度加工型的工业为主导、高加工组装型工业为主导、第三产业为主导、信息产业为主导等几个阶段。在不同阶段产业结构演进的一般规律是：

①在以农业为主导的阶段，农业比重占有绝对地位，第二、三产业的发展均很有限。

②在以轻纺工业为主导的阶段，轻纺工业由于需求拉动、技术要求简单、从第一产业分离出来的劳动力价格低等有利因素得到较快发展；第一产业的发展速度有所下降，地位有所削弱；重化工业和第三产业的发展速度较慢。这时轻纺工业取代农业成为主导产业。

③在以原料和燃料动力等基础工业为重心的重化工业为主导阶段，这些重化工业首先得到较快发展，并逐渐取代轻纺工业的地位成为主导产业。这些基础工业都是重化工业的先行产业或制约产业，必须先行加快发展才不至于成为制约其他重化工业发展的瓶颈产业。

④在以低度加工型工业为主导的阶段，传统型、技术要求不高的机械、钢铁、造船等工业发展速度较快，其在国民经济中比重越来越大，并成为主导产业。

⑤在以高度加工组装型工业为主导的阶段，由于高新技术的大量应用，传统工业得到改造。技术要求较高的精密机械、精细加工、石油化工、机器人、电子计算机、飞机制造、航天器、汽车及机床等高附加值组装型重化工业有较快发展，成为国民经济增长的主要推动力，其在 GDP 中的比重占有较大份额，同时增幅较大，成为国民经济的主导产业。

⑥在以第三产业为主导的阶段，第二产业的发展速度有所放缓，比重有所下降，特别是传统产业的下降幅度较快；但内部的新兴产业和高新技术产业仍有较快发展。整个第二产业内部结构变化较快，但比重已不占主导地位。第三产业中服装业、运输业、旅游业、商业、房地产业、金融保险业、信息业等的发展速度明显加快，并在 GDP 中占有较大或主要份额，成为国民经济的主导产业。

⑦在以信息产业为主导的阶段，信息产业获得长足发展，特别是信息高速公路的建设或国际互联网的普及，推动了信息业的快速发展。这一时期，信息产业已成为国民经济的支柱产业和主导产业。人们也常把这一阶段称为后工业化社会或工业化后期阶段。

（三）从三次产业比重的变动角度

产业结构的演进是沿着以第一产业为主导到第二产业为主导，再到第三产业为主导的方向发展的。

在第一产业内部，产业结构从技术水平低下的粗放型农业向技术要求较高的集约型农业，再向生物、环境、生化、生态等技术含量较高的绿色农业、生态农业发展；从种植型农业向畜牧型农业、野外型农业向工厂型农业方向发展。

在第二产业内部，产业结构的演进沿着轻纺工业→基础重化工业→加工型重化工业方向发展。从资源结构变动情况来看，产业结构沿着劳动密集型产业→资本密集型产业→知识（包括技术）密集型产业方向演进。从市场导向角度，产业结构沿着封闭性→进口替代型→出口导向型→市场全球化方向演进。

在第三产业内部，产业结构沿着传统性服务业→多元化服务业→现代性服务业→信息产业→知识产业的方向演进。

产业结构由低级向高级发展的各阶段是难以逾越的，但各阶段的发展过程可以缩短。从演进角度分析，后一阶段产业的发展是以前一阶段产业充分发展为基础的，只有第一产业的劳动生产率得到充分发展，第二产业的轻纺产业才能得到应有的发展；第二产业的发展是建立在第一产业劳动生产率大大提高的基础上的，其中加工组装型工业的发展又是建立在原料、燃料、动力等基础工业的发展基础上的；只有第二产业的快速发展，第三产业的发展才具有成熟的条件和坚实的基础。产业结构的超前发展会加速一国经济的发展，但有时也会带来一定的遗留问题。

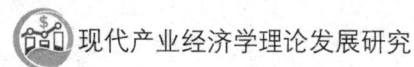

第二节　产业结构的影响因素

一、供给因素

一般而言，供给因素包括自然条件和资源禀赋、提供劳动力的人口、资金和技术进步等因素。这些因素既决定产业结构成长的基础或出发点，又决定产业结构的选择和性质，所以供给因素对产业结构既有促进又有制约作用。

（一）自然条件和资源禀赋

一国的自然条件和资源禀赋对该国产业结构的形成与变化产生至关重要的影响。自然资源是社会生产过程所依赖的外界自然条件，通常那些自然资源丰富的国家的产业结构都或多或少地具有资源开发型的特征。如果一国国土辽阔、资源丰富，那么该国也可能形成资源开发、加工和利用全面发展的产业结构，比如阳光充足、土壤肥沃等自然条件好的国家其农业发展迅速；而资源匮乏的国家就不可能形成资源开发型的产业，最多只能形成资源加工型的产业结构，比如地下资源丰富与否直接影响到采掘业、燃料动力工业以及重工业的结构。由于自然条件和资源禀赋一般是人力因素难以改变的，同时资源禀赋又是一国经济发展的基础因素，因而对一国的产业形成和经济发展具有重要的影响。然而，随着技术的进步，自然资源禀赋并不再是决定一国经济发展的关键性因素。新加坡、日本等自然资源缺乏的国家通过不同的途径走上了工业化发展的道路，跻身于世界经济发展的前列。因此，自然资源状况对产业结构的影响是相对的，受资源制约的国家也可以借助科技的发展和国际贸易克服其资源匮乏的弱点。自然资源禀赋在一国产业结构转换的初、中期阶段制约作用较明显，当初级产品生产的比较优势被制造业所取代，向成熟阶段推进时，其制约作用明显减弱。

（二）人口因素

从供给的角度，人口因素影响劳动力的供给程度和人均资源拥有量以及可供给能力的程度，包括数量和质量两方面的规定。在工业化发展的初期，劳动力的数量决定了产业结构的转换与升级，比如发达国家在工业化初期曾受到供给力不足的制约。但是从人口、资源平衡的角度，过度的人口增长会过度地把国内的有限资源转化为衣食供给，以满足人们基本的生活需要，这样将导致既减少其他资源的供给，又减慢农业人口向第二产业和第三产业的转移，从而延缓工业化的进程，阻碍产业结构的高度化和合理化。

经济发展到一定水平后，劳动力的质量也就是人力资本开始发挥关键的作用。一般而言，具有较高知识水平和劳动技能的人员越多，新兴产业发展越快；反之，劳动力质量较低的国家往往会停滞于传统产业。劳动力质量较低将对产业结构变动产生两方面的影响：一方面劳动密集型产业主要是轻纺产业，易导致工业结构"轻型化"；另一方面劳动密集型产业多为中小企业，会引起产业组织结构的"小型化"，降低规模经济效益。

因此，保持适度的人口数量和提高人口素质是经济发展和产业结构转换的重要条件。对大多数发展中国家而言，其工业化发展和产业结构转换中的制约因素不是劳动力供给的不足，而是劳动力过剩带来的就业压力和人均资源的减少。

（三）资金供应

资金是重要的生产要素，是产业维持和扩张的重要条件。资金供应状况对产业结构的影响主要包括两方面：

①资金的充裕程度对产业结构的影响，主要包括经济发展水平、社会发展水平、储蓄率、资本积累等诸多因素，是资金总量方面对产业结构变动的影响。

②资金在不同产业部门的投向偏好对产业结构的影响，主要包括投资倾斜政策、投资者的投资偏好、利率、资金回报率等，是投资结构方面对产业结构变动的影响。在资本有机构成不变的情况下，投入某产业资金的多少，决定该产业的生产规模大小和发展速度快慢。资金的短缺往往成为发展中国家产业结构优化升级的瓶颈，资金越短缺，越妨碍重工业、高新技术产业等有机构成较高的产业发展。

（四）技术进步

技术进步是经济增长的主要因素，也是产业结构变迁的动力。一国的产业结构表现为一定的生产技术结构，生产技术结构的进步与变动都会引起产业结构的相应变动，一旦技术发生变革，产业结构将会发生与之相适应的改变。第一次技术革命促进了纺织、运输、机械工业的兴起，人类社会由农业向工业社会转变；第二次技术革命使得汽车、航空、电力等工业迅速崛起，工业生产进一步集中化，垄断企业不断兴起；第三次技术革命中原子能技术的出现带动了塑料、橡胶、合金材料工业的发展，计算机技术的发展和计算机的广泛应用使得信息产业成为主导产业。20世纪80年代的新技术革命对产业结构升级产生了重大影响，为知识经济的兴起和发展提供了技术基础。

技术水平的不同决定了比较劳动生产率的不同，技术进步又引起比较劳动生产率的变化。产业结构转换的动力来自比较生产率的差异，主要表现为生产要素从生产率比较低的部门向生产率比较高的部门转移；产业结构的转换和升级，主要取决于部门之间生产率增长速度的差异。那些研究与开发投入强度大、能够最先吸收新技术的部门，往往也是生产率提高最快和产出增长最快的部门，这是由部门内在的技术经济特征所决定的。

（五）商品供应

原料品、中间投入品、零部件、进口品等商品对产业结构变动产生较大的影响。通常，后向关联系数越大的产品对产业结构的影响越大。广义上，商品供应还可以包括电力、原料、燃料的供应，服务的提供，技术的支持等更广的范围。这些商品的供应在很大程度上取决于基础工业、上游工业、后向关联产业的技术水平和产业发展水平。这些产业的技术水平和发展水平影响产业结构的变动。根据发达国家的实践经验，产业结构的高度化也是在基础产业、上游产业或后向关联系数较大的产业得到一定程度的发展以后，下游产业或前向关联系数较大的产业才能得到比较大的发展。

二、需求因素

需求决定一项经济活动的存在价值，也决定某一产业的存在必要性。当需求发生变化时，必然要影响到产业结构，使其发生相应的变化。从总量角度分析，人口数量的增加和人均收入水平的提高都会扩大消费需求；经济发展水平、社会发展水平、技术水平的不同，消费水平通常也会不同；在不同的经济发展周期，各种消费需求也会出现波动。但从结构的角度分析，个人消费结构、中间需求与最终需求比例、消费与投资比例、投资结构对产业结构的影响更加明显。

（一）个人消费结构

个人消费结构是在需求结构中对产业结构变动影响最大的因素。消费结构直接影响消费资料产业部门的构成，并间接影响给消费资料产业部门提供生产资料的生产部门的构成，从而影响整个产业结构的变动。个人消费结构不仅直接影响最终产品的生产结构和生产规模，而且间接地影响中间产品的需求，进而影响中间产品的产业结构。随着收入水平的提高，不仅消费的需求总量会扩大，而且消费结构也会发生变化，个人需求趋向多层次和多样化，使得第三产业比重不断上升，产业结构不断优化升级。

（二）中间需求与最终需求的比例

中间需求与最终需求的比例是一种重要的需求结构。中间需求是指各个生产部门对把自身价值一次性全部转移到产品中去的生产资料的需求，比如原材料、零部件等。最终需求是指人们对无须再进入生产过程，即可供消费和投资的产品的需求，比如固定投资、个人消费、增加库存、出口、政府采购等。中间需求和最终需求比例变动将会使社会生产的产业结构发生相应变动。决定中间需求与最终需求比例的主要因素包括：专业化协作水平、生产资料利用率、最终产品的性能及制造技术的复杂程度。专业化协作水平越高，相同产出的最终产品对中间产品的依赖程度越大；生产资料利用率越高，相同产出的最终产品对中间产品消费需求越少；制造技术越复杂，对中间产品的需求量就越大。

（三）消费与投资比例

消费与投资的比例关系直接决定消费资料产业和生产资料产业的比例关系，消费与投资比例的变化直接引起消费资料产业与生产资料产业的比例变化。具体来讲，当投资比例较高时，相关的生产资料产业将得到较快发展；当消费比例较高时，扩大的居民需求将刺激生产消费资料产业部门的较快发展，同时将波及相关的生产资料产业部门的需求变化。霍夫曼工业化经验法则很好地诠释并说明了消费与投资比例的变化对产业结构变化的影响。

（四）投资结构

投资结构是指资金向不同产业方向投入所形成的投资配置量的比例。投资不仅是构成现实需求的一个重要因素，也是企业扩大再生产和产业扩张的重要条件之一。不同方向的投资是改变已有产业结构的直接原因。创造新的投资需求，将改变原有的产业结构形成新的产业结构；对部分产业投资，将推动这些产业以更快的速度扩大，促进这些产业的发展，从而影响原有产业结构；对全部产业投资，但投资比例不同，则会引起各产业发展程度的差异，导致产业结构的相应变化。由于投资是影响产业结构的重要因素，政府往往采用一定的投资政策，通过调整投资结构，来达到产业结构调整的目标。

三、国际因素

（一）国际贸易

国际贸易是由于社会分工打破国家界限，导致国与国在资源、产品、技术、劳务等方面的交换。国际贸易是在开放条件下来自外部的影响产业结构变动的因素，对产业结构的影响主要通过国际比较利益机制实现。按照国际分工原理，国际市场对一国具有比较优势的产品需求，往往会通过影响该国出口结构，从而引起生产要素在一国产业体系内部的重新配置，进而影响其产业结构的变动。资源、商品、劳务的出口对本国的相关产业起到推

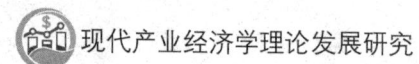

动的作用，国内稀缺资源的进口能够弥补相关产业的不足，各国间产品生产的相对优势变动会引起进出口结构变动，进而带动国内产业结构变动。当然，有些商品出口，也可能会抑制本国某些产业的发展。

（二）国际投资

国际投资包括本国资本的流出和国外资本的流入，对外投资会导致本国产业的对外转移，国外资本的流入则会使国外产业向国内转移。这两方面都会引起国内产业结构的变化，但国外直接投资对国内产业结构的影响更为直接和深远，主要表现在三方面：一是国外直接投资决定了生产方式、生产技术、产品品种和数量，会直接改变一国原有产业结构；二是国外直接投资中间产品的供应结构和最终产品的销售结构的变化导致国内供应结构和需求结构的改变，从而促使国内产业结构发生相应变化；三是外资企业的技术创新和管理模式会对一国的产业结构产生间接影响。

四、政策因素

为了实现政府制定的经济发展目标，政府通过制定产业发展战略和政策扶持或限制某些产业发展，对产业结构的调整加以诱导或强制实施。产业政策是指导产业发展和产业结构调整最主要的依据，政府对产业结构的调整主要就是通过产业政策来实现的。政府可以对影响产业结构变动的诸因素进行调整，包括通过政府投资、管制等措施，通过制定财政、货币等政策，通过立法、协调等手段来调整供给结构、需求结构、国际贸易结构和国际投资结构，进而影响产业结构。

第三节　产业结构优化与升级

一、产业结构优化概述

（一）产业结构优化的含义

产业结构优化是指各产业协调发展、产业总体发展水平不断提高的过程。具体来说，产业结构优化是产业之间的经济技术联系包括数量比例关系由不协调不断走向协调的合理化过程，是产业结构由低层次不断向高层次演进的高度化过程。由此可见，产业结构优化主要包括两方面的内容：产业结构合理化和产业结构高度化。

合理化与高度化是产业结构优化中缺一不可的两方面，它们是相互影响、相互依存的。一方面，产业结构合理化反映的是产业结构量上的客观要求，更多地着眼于经济发展的近期利益，体现为产业结构的发展要与一国的社会经济发展水平相适应；产业结构高度化反映的是产业结构质上的客观要求，主要着眼于经济发展的长远利益，体现为产业结构的发展要遵循产业结构演进规律并符合世界产业发展潮流。另一方面，合理化是高度化的基础，没有产业结构合理化，高度化就失去了基础条件，非但达不到产业结构升级的目的，反而有可能发生结构的逆转；而产业结构高度化则是合理化进一步发展的目的，产业结构的合理化本身就是为了使产业结构向更高的层次转换，失去了这一目的，合理化也就失去了存在的意义。

（二）产业结构合理化

1. 产业结构合理化的含义和内容

产业结构合理化主要是指产业与产业之间协调能力的加强和关联水平的提高，是一个动态的过程。产业结构合理化要求在一定的经济发展阶段上，根据消费需求和资源条件，对初始不理想的产业结构进行有关变量的调整，理顺结构，使资源在产业间合理配置并有效利用，促进产业结构的动态均衡和产业素质的提高。产业结构合理化的内容主要包括以下几方面：

第一，各大类产业之间、各大类产业内部的具体产业部门之间数量比例合理，投入产出均衡，过剩和短缺现象没有或者不严重，各产业部门的生产能力能够充分发挥，所需的资源可以得到较好满足，保证社会扩大再生产能够顺利进行。

第二，产业结构与需求结构相适应，并随着需求结构的变化而变化，投资需求和消费需求能够得到较好满足，减少以至于消除供不应求、供过于求和二者并存的不合理现象。

第三，产业结构与资源结构相协调，充分有效地利用本国的人力、物力、财力及自然资源和条件，同时尽可能利用可以得到的国际资源和生产要素，弥补本国资源和生产要素的不足，参与国际分工，发挥本国的比较优势，取得比较利益，使比例协调的产业结构建立在更雄厚的资源基础之上，使国民经济在更大的规模上得到更有效的协调发展。

第四，产业结构中的产业类型构成恰当，环保产业和节约、保护、高效利用资源的产业得到适当发展，能够保护环境，节约资源，实现人口、资源、环境与经济发展的良性循环。

2. 产业结构合理化的基准

一个国家的国民经济能否协调发展，从而形成经济的良性循环，取决于这个国家能否建立合理的产业结构。合理的产业结构的判断基准包括：

（1）国际基准

国际基准即以钱纳里等人倡导的产业发展的标准结构为依据，来判断经济发展的不同阶段上的产业结构是否达到了合理化。这种标准结构是在大量历史数据的基础上通过实证分析得到的，它反映了产业结构演变的一般规律。作为大多数国家产业结构演进轨迹的综合描述，可以将其视为判断某一产业结构是否合理的参考系。如果一个产业结构系统偏离了大多数国家发展的共同轨迹，就可大致地认定系统违背了产业结构发展的规律，其结构是不合理的。反之，如果一个产业结构系统在发展到某一特定阶段时，其内部结构与标准结构相符，就可认定这一系统与产业结构发展的共同规律是相吻合的，因此，该产业结构是合理的。

但是，由于标准产业结构是通过各国统一发展阶段上产业结构的统计资料进行回归分析得出的，而各国在不同经济时期和经济发展环境变化较大的情况下很难有统一的发展模式和产业结构，所以这种标准结构至多只能作为判断产业结构是否合理的一种粗略的依据，而不能成为一种绝对的判断标准。

（2）需求结构基准

需求结构基准，即以产业的供给结构和需求结构相适应的程度作为判断产业结构是否合理的标准。随着经济的发展和人民生活水平的提高，需求结构也会不断地提升和变化，而供给结构很难及时适应需求结构的变化，为了满足需求结构不断变化的要求，必须通过调整产业的供给结构来适应需求的变化。两者适应程度越高，则产业结构越合理；相反，两者不适应或很不适应，则产业结构不合理。

如前所述，畸形的产业结构意味着它同需求结构的严重背离。在这个意义上，此基准有其合理性。但是，单纯以需求结构基准来判断产业结构是否合理具有一定的片面性，因为首先要确定需求是否正常，在需求正常的前提下，才可以对产业结构是否合理进行判断。若需求畸形，则供需之间发生差距是正常的；若产业结构适应畸形的需求而发生变动，则这种产业结构是不合理的。

（3）产业间比例平衡基准

产业间比例平衡基准，即以产业间的比例是否平衡作为判断产业结构合理与否的标准。产业结构作为一个系统，其整体特征要求其组成部分应具有不可分割性。如果产业间比例缺乏平衡，就会极大地削弱经济系统的生产能力和产出水平。理论上，经济增长是在各产业协调发展的基础上进行的，产业之间保持比例平衡是经济增长的基本条件。但是，不能将此基准绝对化，认为无论何时何地产业结构都要保持这种比例平衡才是合理的。

产业间比例平衡基准有两种判断基准：其一是比例平衡度，其二是投入产出表。

比例平衡度可用来测量产业结构系统的平衡协调程度，此基准的局限性主要是忽略了经济非均衡增长对产业间比例的积极影响。事实上，在经济的非均衡增长情况下，各产业部门的增长速度是不同的，有的高速增长，有的低速增长，从而导致相互之间的比例发生变化，出现结构不平衡。一般情况下，这是正常的。只有超越了一定界限的结构失衡，才会导致经济不能正常运行，这才是真正的结构不合理。

第二个基准是利用一国或一个地区某一经济年度的投入产出表，考查其大类产业、具体产业间的比例关系来判断产业间是否协调。从理论上说，投入产出分析清晰地反映出国民经济各部门、各产品间的联系，是研究综合平衡的一个重要工具。但投入产出法也存在一些根本缺陷。首先是其指导思想——产业结构协调观。一般而言，各产业的协调发展是经济发展的良好条件，因此，把产业结构和理性的内涵界定为产业间比例的协调均衡具有一定的合理性。但是，经济发展的常态是非均衡增长，产业间比例关系的协调和均衡是经过长期的自动或有意识调整之后的短暂状态。其次是投入产出分析能够指出产业间存在哪些关联关系，但并未对这种关联关系的合理化程度做出判断。最后，投入产出模型把生产函数看成是线性的，这与实际情况不尽相符。

（4）结构效益基准

结构效益基准主要采用结构效益系数这个指标，来表明产业比例关系变动引起的效益变化，它反映总的投入产出关系，是衡量产业结构合理化的综合方法。结构效益系数的计算公式为：

$$S = \sum_{i=1}^{n} \frac{Y_i}{\sum_{i=1}^{n} Y_i} \frac{Y_i^2}{K_i \cdot L_i} - \frac{Y_0^2}{K_0 \cdot L_0} \qquad (3-1)$$

式中，S 为结构效益指数，Y 为产值，K 为资本量，L 为劳动者人数；i 为产业数。

$\sum_{i=1}^{n} \frac{Y_i}{\sum_{i=1}^{n} Y_i} \frac{Y_i^2}{K_i \cdot L_i}$ 为产业结构调整后的总效益，$\frac{Y_0^2}{K_0 \cdot L_0}$ 为产业结构调整前的总效益。如果 S 值上升，说明产业趋于合理化；若 S 值下降，则反映产业结构效益下降，产业结构不合理。

（5）自组织能力基准

产业结构合理化是一个动态、渐进的过程，是不断趋向相对均衡状态之后又不断打破均衡的过程，因而其本质是产业结构的一种自组织能力。如果产业结构的自组织转换能力弱，则结构转换缓慢，表现为各产业间存量结构呈刚性，大量资本和劳动投入得不到合理配置，那么产业结构的经济绩效就必然低下，该产业结构不合理；如果产业结构自组织能力强，从而结构转换能力强，表现为能通过自动学习和搜索，迅速压缩低效率产业比重，提高高效率产业比重，调整、改变产业间的生产能力配置，维护和提高产业间的关联程度及效果，那么产业结构的经济绩效就必然高，该产业结构合理。

经济资源在不同产业间实现最优化配置的结果表现为不同产业边际投资利润率的趋同。由于处于不同生命周期的先导产业、支柱产业和衰退产业始终并存，需求和创新因素导致产业间长期存在增长速度和投资机会的巨大差异，各产业间边际投资利润率的差异是产业结构演进过程中的常态。经济资源如何在具有不同边际投资利润率的产业间自由流动是产业结构自组织能力的核心，也成为产业结构合理化的判断标准。

我们将不同产业边际投资利润率与产业新增投资额增长率之间的相关关系看作产业结构自组织能力的衡量基准，如果两者之间的相关度低，表明经济资源自动向高效率产业流动的机制受到阻滞，产业结构自组织能力低，产业结构不尽合理；如果两者之间的相关度高，则表明经济资源向高效率产业的流动机制相对顺畅，产业结构自组织能力强，产业结构合理化水平高。

（三）产业结构高度化

1. 产业结构高度化的含义和内容

产业结构高度化是指遵循产业结构演化规律，通过创新技术进步，使产业结构整体素质和效率向更高层次不断演进的动态过程。产业结构高度化强调技术集约化程度的提高，要求主导产业和支柱产业尽快成长和更替，打破原有的产业结构低水平的均衡，实现少数高科技、高效率产业的超前发展，然后带动相关产业及整个国民经济的发展。产业结构高级化的实质内容包括：结构规模由小变大，结构水平由低变高，结构联系由松变紧。

所谓结构规模由小变大，是指产业部门数量增加，产业关联复杂化，其主要指标是部门之间中间产品的交易规模，即中间产品的使用量。部门之间交易规模的扩大主要通过范围扩张（即参与交易活动的部门增加）和数量增加（即部门之间交易活动的容量增加）这两种方式得以实现。现实经济发展表明，产业结构规模扩大的实质是产业结构借助量的扩张而推动质的提升。这是一种普遍趋势且具有不断强化的趋向，主要由两方面因素引起：一是部门之间购买的增加。随着部门的增加和部门之间联系的密切，中间产品的交易和交易环节不断扩大和增多，从而使生产结构变得比以前更"迂回"了。二是制成品投放对初级产品投入的替代。工业化的历史过程表明，初级产品的中间使用量逐步下降，制成品的中间使用量将迅速上升，这实际上是现代工业发展的结果。

结构水平由低变高，是指以技术密集型为主体的产业关联取代以劳动密集为主体的产业关联，这种产业之间的技术关联是通过中间产品的运动来实现的。即通过中间产品的使

用及其消耗程度使产业之间发生相应的生产技术联系。中间产品的直接消耗系数（又称投入系数）反映了各产业部门之间的技术联系。

结构联系由松变紧，是指产业之间的聚合程度提高，关联耦合更加紧密。其主要标志是聚合质量，即产业之间的耦合状态以及由此决定的系统整体性功能，可以从产业系统，从特定产业部门在整个产业链条中所处地位和顺序的角度及这一链条的耦合紧密程度来衡量。

2. 产业结构高度化的衡量标志

产业结构高度化既是一个相对概念，也是一个动态概念，它是需求牵引、科技推动等因素共同作用于产业结构的结果，不同阶段有不同的衡量标准。

（1）"标准结构"法

"标准结构"法是将一国的产业结构与世界其他国家产业结构的平均高度进行比较，以确定一国产业结构的高度化程度。库兹涅茨（1901—1985，经济学家）在研究产业结构的演进规律时，不但通过时间序列数据对产业结构的演进规律进行了分析，而且通过横截面的数据对经济发展阶段与产业结构的关系进行了研究。这种截面数据研究产业结构的方法，为了解一国产业结构发展到何等高度提供了可比较的依据。利用这种方法，库兹涅茨提出了经济发展不同阶段的产业"标准结构"。根据"标准结构"就能了解一国经济发展到哪一阶段以及产业结构高度化的程度。"标准结构"法一般采用以下两种指标来衡量产业结构的高度化。

①产值结构。如果从系统的角度观察产业结构，则该系统的输出就是产业结构的产出，这些产出的构成及其相互间的关系就构成了产出结构，因而产出结构是观察产业结构的一个重要视角；而产值结构则是产出结构在一定价格体系中的表象，所以，可以选取产值结构这个指标来衡量产业结构的高度化。

要注意的是，在利用产值结构对产业结构的高度化进行分析时，若产业结构系统所处的价格体系中各产业产出的比价是不合理的，其所反映的产出结构则是扭曲的，从而在衡量产业结构高度化时就会导致严重的误差。如在我国计划经济体制时期，实行的是工农业产品"剪刀差"的价格体系，在此背景下，就会出现工业产值比重较大的假象，不能真正地反映出当时的产业结构高度化程度。

②劳动力结构。在劳动力能够自由流动的商品社会里，人们为了获得更高的收入，一般会趋向于收入较高的产业。劳动力在不同产业间的分布，就形成了劳动力结构。较之产值结构，采用劳动力结构来反映产业结构更为直观和更易于观察。

但是，通过劳动力结构来观察产业结构及其高度化，也有一些需要注意的地方。首先，劳动力只是产业结构系统的诸多投入要素之一，它只有和其他要素相结合才能发挥作用。因此，从理论上讲，仅从劳动力要素一方面来观察产业结构，继而衡量其高度化，具有片面性。其次，不同的劳动力具有异质性。马克思就曾指出，人类的劳动存在简单劳动和复杂劳动之别，而不同质的劳动在生产活动中所发挥的作用是不同的。最后，劳动力要素市场的充分流动性也是值得考虑的问题之一。如果劳动力要素不能自由流动，那么一个产业的劳动力雇用人数，就不能真实反映该产业对劳动力要素的需求。

（2）相似性系数法

这是以某一参照国的产业结构为标准，通过相似性系数的计算，将本国产业结构与参照国产业结构进行比较，以确定本国产业结构高度化程度的一种方法。设 A 是被比较的产业结构，B 是参照系，X_{Ai}、X_{Bi} 分别是产业，在 A 和 B 中的比重，则产业结构 A 和参照系 B 之间的结构相似系数为：

$$S_{AB} = \frac{\sum_{i=1}^{n} X_N X_{BE}}{\left(\sum_{i=1}^{n} X_{Ni}^2 \sum_{i=1}^{n} X_{Ei}^2 \right)^{\frac{1}{2}}} \tag{3-2}$$

（3）高新技术产业比重法

产业结构的高度化，在很大程度上表现为高新技术部门的发展和利用高新技术对传统产业的改造。在工业内部，衡量产业结构高度化程度，可以使用高新技术产业比重法。产业结构高度化过程也是传统比重不断降低和高新技术产业比重不断增大的过程，因此，可以采用高新技术部门或知识密集型产业所占比重指标，从纵向或横向进行比较，分析产业结构高度化的状况和趋势。通过横向比较来衡量发展中国家与发达国家的差距，通过纵向比较来测度工业结构高度化的发展。

衡量资本密集和劳动密集程度通常采用如下指标：

资本–劳动力比率（即有机构成），该指标提高表示产业技术水平相对提高，其产业结构趋向高度化；资本产出比率（即资本系数或加速系数），该系数降低表示经济中各产业的资金使用效率提高，产业结构趋向优化升级；产出–劳动力比率（即劳动生产率），该指标提高表示结构趋向高级化。

衡量技术密集度的指标通常有：R&D 费用/销售额；从事 R&D 活动的科学家、工程技术人员/就业总人数；R&D 费用/从事 R&D 人员数。经济合作与发展组织（OECD）根据 R&D 占销售收入比重来定义技术密集程度并制定了高新技术部门的标准。

（四）产业结构优化的路径

一般来说，产业结构优化遵循两条路线：

内向型优化。它是指主要依赖国内市场，根据产业结构合理化的要求来消除本国各产业之间发展的不协调，促进社会供求结构的平衡，并根据本国产业发展的内在要求，沿着产业结构升级的线路，推进产业的质的提升，以实现本国经济的可持续发展。

外向型优化。它是借助国外市场和国外环境，从国际比较优势和产业国际竞争优势的角度出发，优化本国产业在世界产业分工体系中的位置，推动本国产业经济系统和世界产业经济系统的发展，形成良性互动的作用机制。

一国在产业结构的内向型优化和外向型优化的共同作用下，产业结构向基于全球产业经济体系的合理化、高度化和高效化目标逼近。但经济发展在不同阶段选择的不同的结构优化主体模式，将决定一国经济发展的水平和产业结构的高度。

1. 内向型优化路径

内向型产业结构优化路径是嵌入式"国内价值链"模式，是指一国产业经济系统在国内市场导向下，内部各相互关联的产业协调互动，实现本国产业结构合理化、高度化和高效化，并最终实现一国经济可持续发展的过程。内向型产业优化注重于满足国内市场需求，开发国内高端市场和客户，依靠国内市场提高企业创新能力、产业升级优化能力。内向型优化路径实际就是依赖国内价值链，提升本国产业结构的一种自主升级模式。这种升级模式抗波动能力强，自身可以组成一个循环体系，并形成完整的产业配套。

内向型产业结构优化强调本国市场和产业之间的相互匹配，强调通过国内产业之间的互动来推动本国经济的可持续发展。它的主要功能有：

强化技术扩散效应。内向型产业结构优化强调一国国内各个产业发展的技术保持匹配，继而推动产业结构的合理化。此外，内向型优化还将通过国内投资的调节和就业结构的调整，推动国内产业之间在发展中的协调。

强化产业集聚功能。内向型优化将通过国家投资政策鼓励、产业布局引导等政策方式以及市场的自发作用规律，推动国内产业集聚，进而提升国内产业的素质。

提升产业的高度化。内向型优化将通过国内需求的引导，推动国内主导产业的选择和更替，并通过技术创新的作用，提高产业的知识化水平，推动国内三次产业结构间比例的变动。

2. 外向型优化路径

当一国国内需求并不旺盛，而企业有多余的供给能力时，外向型优化机制就成为大多数发展中国家提升产业结构的选择。外向型产业结构优化能推动一国产业经济系统融入世界产业分工体系，分享全球资源和市场，获得更大的成长空间。外向型产业结构优化也叫嵌入式全球价值链模式，是指从国际经济合作中的比较优势及竞争优势出发，把握经济全球化和知识经济时代产业升级的基本趋势及规律，主动将本国产业体系融入世界产业体系中，形成开放型的产业经济体系，改造和提升自身的要素禀赋，以开放促发展，扩大本国比较优势和竞争优势，并最终提升本国产业国际竞争力的过程和结果。

外向型优化在产业结构合理化方面的作用方式是通过推动本国产业产出与世界产业市场保持协调、现代技术在本国产业中的应用以及市场机制的配置作用，将产业资源配置到与世界市场需求相协调的产业中。在产业结构高度化方面，外向型产业结构优化采取的方式是依托世界资源和市场，通过对外合作来加快一国新兴产业的发展和主导产业更迭的步伐，或采取跨越式发展战略直接进入下一阶段的发展，借助世界产业分工格局变动的机会，积极引进新兴产业以推动本国产业结构的高度化演进。

（五）产业结构优化的策略

1. 产业空间转移

产业的空间转移是由于资源供给或产品需求条件发生变化后空间的转移，既包括产业从一国国内的一个地区转移至另一个地区，也包括产业从一个国家转移至另一个国家。通常我们所指的产业空间转移更多地是指产业的国际转移。国际产业转移主要是通过要素在产业和区域间的流动，常常以相关国家的投资、贸易以及技术转移活动等形式来实现。它往往开始于劳动密集型产业，然后演进到资本、技术密集型产业，或先由发达国家转移到次发达国家，再转移到发展中国家和地区。国际产业转移是产业结构升级的结果，也是推动产业结构升级的重要手段。一国国内的产业空间转移一般是市场扩张的需要，是产业结构调整的需要和追求经营资源的边际效益最大化以及企业成长的需要。

2. 产品升级换代

产品是产业形成的基础，产品的升级换代是产业发展和优化的一个重要标志。产业结构调整和优化不仅仅要考查产业层面，更应该深入产品层面中去。产品升级通过引进新产品或改进已有产品，提高单位产品的附加值，如提升质量、降低定价、增强差异化、缩短新产品上市时间等，用以提高自身竞争能力。产品升级属于产业内的产品结构优化，是产业升级的基础，是实现产业结构优化升级的策略之一。

产品升级首先是进行产品技术升级，即改变在短缺经济时代只追求产品数量的做法，而转向注重产品的质量，实现产品从劳动密集型向资本或技术密集型转变。为了实现产品升级，首先必须通过创新设计、更新设备、进行技术改造，进行生产工艺、生产手段的升级换代。其次是品牌的升级。若想延伸产业的价值链和生产链，关键的一点是注重品牌的培育。在现代市场条件下，市场竞争已初步由产品竞争过渡到资本竞争，再到品牌竞争。

品牌竞争日益成为市场经济的主体性竞争形态。特别是传统产业的升级。面对全球化竞争必须重视品牌经营，否则必将在国际市场上逐渐处于弱势地位，最终成为国外品牌的廉价加工厂。最后是功能升级。即从简单的组装发展到"原始设备制造商"，到"原始设计制造商"，再发展到"原始品牌制造商"。

3. 产业链条位置升级

产业链条位置升级是指在同一条产业价值链曲线上，一国产业的变动。产业链条位置升级通常指产业从价值链低端向高端演进的过程。价值链两端分别是产品研发和销售服务，往往代表附加价值较高的部门，一般表示拥有较高的技术水平和较高的利润率。这部分通常为发达国家所占据；而中间部分加工组装环节则通常是技术水平较低、利润率也较低的部门，发展中国家往往处于这个位置，因此在全球价值链中，发展中国家处于被动地位。微笑曲线告诉我们，全球价值链中利润高的环节集中在研究与开发、设计、品牌、营销等"非生产性"环节当中。因此，应该加快产业的升级和转型，尽快在全球产业链分工的微笑曲线中占据有利位置。

4. 0"跨越式"链条升级

"跨越式"链条升级也叫产业间优化升级，是从一条产业链条转换到另外一条产业链条的升级方式，这种转换一般都来源于突破性创新。

"跨越式"链条升级指的是改变整条曲线的位置，使其从曲线 a 向曲线 b，再向曲线 c 跳跃升级。它不是同一个链条上位置的变更，而是完全突破原有链条，重新创建新链条和新产业的全新升级模式。

二、主导产业选择

（一）主导产业的概念

1. 主导产业的概念和特征

主导产业，是指在经济发展过程中，或在工业化的不同阶段上出现的一些影响全局的在国民经济中居于主导地位的产业部门。这些产业部门因其利用新技术方面的特殊能力而具有很高的增长率，而且它们在整个国民经济发展中具有较强的前后向关联性，因此这些产业部门的发展能够带动国民经济的其他产业部门，从而带动整个经济增长。主导产业具有如下特征：

（1）多层次性

由于发展中国家在优化产业结构的过程中，既要解决产业结构的合理化问题，又要解决产业结构的高级化问题，实现目标是多重的，所以处于战略地位的主导产业群就呈现出多层次的特点。

（2）综合性

由于发展中国家在经济发展中面临的问题是多样的，各产业部门在为发展目标服务时，其作用既各有侧重又互为补充，主要取决于产业部门的特性。部门特性的差异及面临问题的多样性，要求在选择主导产业时综合考虑多种因素，这就决定了主导产业群的综合性。

产业部门的特性主要表现在以下几方面：

①增长特性，即某产业部门的发展对国民经济增长的贡献大小。

②关联特性，即某产业部门在整个产业链条中是属于推动型，还是属于诱导型。

③需求特性，即某产业部门是服务于最终需求，还是服务于中间需求；是对积累贡献大，还是对消费贡献大。

④资源特性，即某产业部门所体现的各种资源的密集程度。

（3）序列更替性

经济发展的阶段性也决定了主导产业群的序列更替性。特定时期的主导产业，是在具体条件下选择的结果。一旦条件变化，原有的主导产业群对经济的带动作用就会弱化、消失，进而为新的主导产业群所替代。

从经济发展的中短期考虑，由于"瓶颈"作用和"瓶颈"的更替性，主导产业群的选择也要具有序列更替性。不同发展阶段上的主导产业群，既存在替代关系，又存在相互作用。不同阶段的主导产业群的选择并不是随机的，前一主导产业群为后一主导产业群的发展奠定基础。

在此，我们不能把基础产业纳入主导产业，或是把支柱产业等同于主导产业。

基础产业和主导产业是对产业结构从不同角度、不同层次进行划分、考查所得出的不同概念。基础产业是支撑一国或一个地区经济运行的基础部门，它决定着工业、农业、商业等直接生产活动的发展水平。一个国家或地区的基础产业越发达，其经济运行就越顺畅、越有效，人民生活就越便利。一般而言，基础产业是经济社会活动的基础工业和基础设施，前者包括能源工业和基本原材料工业，后者包括交通运输、邮电通信、港口、机场、桥梁等公共设施。从广义上看，基础产业还应当包括一些提供无形产品或服务的部门，如科学、文化、教育、卫生、法律等部门，有时还特别强调农业是国民经济的基础。主导产业，则是指在产业发展中处于技术领先地位的产业，它代表产业结构演变的基本方向或趋势，对整个国民经济发展具有明显的促进作用，能带动整个产业结构走向高级化。

主导产业与支柱产业有发展程度的差别。支柱产业是指在国民经济中所占比重最大、具有稳定而广泛的资源和产品市场的产业，支柱产业构成一个国家或地区产业体系的主体，提供大部分的国民收入，因而是整个国民经济的支柱。支柱产业的构成及其技术水平决定了产业结构在演变过程中所处的阶段。而主导产业是在一个国家或地区的产业体系中处于技术领先地位的产业，它代表产业结构演变的方向或趋势，是支柱产业发展的前期形态。主导产业的选择主要侧重于国民经济和产业结构的长期目标。强调创新、未来的发展优势和带动效应，而支柱产业的选择则注重于短期或中期目标，注重现实的经济效益，在于培育国民经济增长的主力产业。主导产业在当前经济中可能是影响较小的产业，其资源利用效率可能较低，投入产出比率也可能不尽如人意；而支柱产业则必定是在现实经济中占有较大份额、对国民经济的贡献率较大、投入产出比较好的产业。两者在时间上一般呈现为后者对前者的继起，前一时期的主导产业成为后一时期的支柱产业，而在新的时期又会有另外一些产业替代原来的主导产业。

2. 主导产业与非主导产业的关系

主导产业并不是孤立存在的，它与其他产业部门之间存在着相互促进、相互影响、相互依赖、相互制约的关系。随着技术和经济的发展，各产业部门之间的关系会越来越广泛，越来越复杂。每个产业部门既是其他产业部门存在和发展的一个条件，其自身发展也要受其他产业部门的制约。每个产业部门都需要其他产业提供的产品作为自己的劳动手段、劳动对象和劳动者的生活资料，同时也必须把本部门的产品提供给其他部门使用。因此，各产业部门之间就形成了经常的、大量的、相互交替的技术经济联系。作为国民经济产业部门之一的主导产业，它不能脱离其他部门而独立发展，必须与其他产业部门保持协调发展。

要使包括主导产业在内的各产业协调发展，必须搞清楚各产业部门之间的联系及其联系方式。根据各产业前向联系和后向联系程度的差异对产业部门在国民经济结构中所处的地位和所起的作用进行划分，产业部门可以分为以下四种：

（1）中间需求型产业

部门前向联系和后向联系程度均较高的产业，或中间投入率、中间需求率均较高的产业部门，在社会生产过程中既显著依赖其他部门的投入，又依赖其他部门对本部门中间产品的需求。此类产业部门的产业联系性质属于中间需求型产业。

（2）中间需求型基础产业

部门后向联系水平低、前向联系水平高或中间投入率低、中间需求率高，则表明该产业部门的生产过程对其他部门的投入依赖较低，却显著依赖于其他产业部门生产过程对该部门中间产品的需求。该产业被称为中间需求型基础产业。

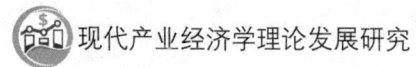

（3）最终需求型产业

后向联系程度高、前向联系程度低或中间投入率高、中间需求率低。这类产业部门的产业联系特点是：显著依赖其他部门中间产品对本部门生产过程的投入，但本部门产品的大多数用于非生产消费，即构成社会最终产品。故这类产业的发展主要依赖其他部门的中间投入量和社会最终产品的需求量，因此称为最终需求型产业。

（4）最终需求型基础产业

前向联系程度和后向联系程度均较低，或中间投入率和中间产业率均较低的产业部门。这类部门产业联系的特点是：生产过程既不显著依赖其他部门的投入，又不显著依赖其他部门的需求。这类产业的产出主要用于最终产品需求，其增长过程不以其他部门有效供给量的增长为前提，因此称为最终需求型基础产业。

根据前向、后向联系的程度对国民经济各产业部门的联系方式进行分类，产业的联系方式主要有以下两种：

①基础产业和非基础产业间的联系方式。根据部门后向联系程度或中间投入率的高低，可将国民经济各产业部门划分为基础产业和非基础产业两大类。后向联系程度高或中间投入率高的为基础产业，反之为非基础产业。在国民经济运行中，基础产业部门不以非基础产业的中间产品为基本增长条件，但为非基础产业的发展提供必不可少的投入。因而基础产业和非基础产业间联系方式的基本特征是基础产业应超前发展。

②上游产业、中游产业、下游产业的联系方式。所谓上游产业、中游产业、下游产业，是根据各产业部门对资源进行加工的顺序而做出的形象概括。上游产业即中间产品供给型基础产业，中游产业即中间产品供给型产业，下游产业即最终产品供给型产业。上游、中游、下游产业联系的基本特征是：上游产业为中游产业提供初级原料品，中游产业为下游产业提供再加工的原材料。

从世界各国的工业化经验看，在工业化初期，一般是下游产业得到优先发展，在工业化中期或较完整的产业结构形成期，由于部门间联系水平提高，资源加工深度提高，加上技术进步因素的影响，上游产业、中游产业在国民经济中的地位趋向下降。但这种下降趋向并不能等同于工业化初期上游、中游产业的发展不足，而是上游、中游产业生产过剩和生产能力闲置。由此可见，在工业化中期，上游产业和中游产业的发展是从有效供给不足转向过剩的关键时期。世界各国的工业化经验还表明，对于一个不发达国家，特别是人口规模较大的国家来说，在工业化中期，必须认真解决上游产业和中游产业生产能力不足、产品供给不足的"瓶颈"约束问题。

（二）主导产业的选择基准

主导产业是经济发展的驱动轮，整个经济和其他各产业部门只有在它的带动下才能高速增长。同时，主导产业也是形成合理和有效的产业结构的契机，产业结构必须以它为核心才能快速向高级化推进。正因为如此，正确选择主导产业就成了各国促进产业结构发展的重要课题。选择主导产业，首先涉及的就是选择标准问题，即主导产业的选择基准。人们已经提出的基准有很多，较常提到的有以下几类基准：

1. 赫希曼基准

赫希曼基准是美国发展经济学家艾伯特·赫希曼在其名著《经济发展战略》中，提出的选择主导产业的基准。赫希曼根据发展中国家的经验指出，在产业关联链中，必然存在一个与其前向产业和后向产业在投入产出关系中产业关联度最高的产业，这个产业的发展对其前、后向产业的发展有较大的促进作用。这种产业可作为主导产业的选择对象。产业关联度，即产业对整个国民经济的影响程度，有方向和大小之分，即前向关联度和后向关联度。在进行主导产业选择研究时，主要利用投入产出法中的感应度系数和影响力系数来衡量、分析和反映产业关联强度。

感应度系数衡量前向关联度的大小，是指国民经济各部门每生产一个单位最终产品时，某一个部门因此受到的需求感应程度，也就是需要该部门为其他部门生产而提供的产出量。感应度系数大于1，表示该部门所受到的感应程度高于社会平均感应水平（即各部门所受感应的平均值）。感应度系数越大，表示该部门受到的需求感应程度越大。

影响力系数衡量后向关联度的大小，是指某个部门生产一个最终产品时，对国民经济各个部门所产生的生产需求波及程度。影响力系数大于1，则表示该部门生产对其他部门所产生的影响程度超过社会平均影响力水平（即各部门所产生的波及影响的平均值），影响力系数越大，该部门对其他部门的需求拉动作用越大。

根据赫希曼基准，主导产业应选择具有较大感应度系数和影响力系数的产业，即"双高"产业，只有感应度系数和影响力系数比较大的产业才能带动其他产业的发展。

2. 罗斯托基准

美国经济学家罗斯托在《从起飞进入持续增长的经济学》中将主导产业部门在经济起飞中的作用概括为三方面：

①后向联系效应。即新部门处于高速增长时期，会对原材料和机器产生新的投入需求，从而带动一批工业部门的迅速发展。

②旁侧效应。即主导部门会引起周围的一系列变化，这些变化趋向于更广泛地推进工业化。

③前向联系效应。即主导部门通过增加有效供给促进经济发展。例如，降低其他工业部门的中间投入成本，为其他部门提供新产品、新服务等。

可见，罗斯托基准是依据产业部门间供给和需求的联系程度来确定主导产业部门的。

赫希曼基准和罗斯托基准都是依据产业间的关联度大小来确定主导产业部门的，它们的着眼点都在于主导产业的带动或推进作用。因此，也有人把这两个基准合称为产业关联度基准。

3. 筱原基准

筱原基准是 20 世纪 50 年代中期日本产业经济学家筱原三代平在其论文《产业结构与投资分配》中提出的基准。筱原基准包括"收入弹性基准"和"生产率上升率基准"两方面。

①收入弹性基准。收入弹性基准是指从社会需求来看，使产业结构与随着国民收入增长而增长的需求结构相适应的原则。收入弹性，又称需求收入弹性，是在价格不变的前提下某产业的产品（或某一商品）需求的增加率和人均国民收入的增加率之比，反映了该产业的产品社会需求随着国民收入的增长而增长的趋势。收入弹性相对高的产品，其社会需求也相对高。应优先发展收入弹性高的产业和产品，因为产品收入弹性高的产业部门，有着广阔的市场，而广阔的市场正是产业进一步发展的先决条件。

②生产率上升率基准。一般而言，技术进步是造成生产率上升的主要原因。在技术上首先出现突破性进展的产业部门常常会迅速地增长和发展，能保持较高的生产率上升率，所创造的国民收入比重也随之增加。因此，生产率上升率基准就具体表现为技术进步率基准。这个基准反映了主导产业迅速、有效地吸收技术水平的特征。优先发展生产率上升快的产业，不仅有利于技术进步，还有利于提高整个经济资源的使用效率。

筱原基准从供需两方面对主导产业的选择加以界定，其内容存在着互补关系，是一个有机的统一体。

4. 环境和劳动内容基准

1971 年，日本产业结构审议会提出，在筱原基准之外，再增加"环境基准"和"劳动内容"两条基准。环境基准是指选择污染少，不会造成过度集中问题的产业优先发展；劳动内容基准是指那些能提供安全、舒适和稳定劳动岗位的产业优先发展。当时日本的环境问题变得日益严重，环境和劳动内容基准的提出，是为了实现经济与社会、环境协调发展的目标。

5. 比较优势基准

比较优势理论由李嘉图（1772 年—1823 年，经济学家）提出，我国学者将其拓展到主导产业选择基准研究上。地区主导产业必须建立在地区经济优势的基础上，这种经济优势是同其他相关地区的比较而言的。许多发展中国家选择传统产业并非放弃了筱原基准，而是由于某些传统产业具有比较优势，比较经济优势可以用比较优势系数来表示，它是比较集中率系数、比较输出率系数、比较生产率系数、比较利税率系数的乘积。

当构成比较优势系数的 4 个因素系数均大于 1 时，比较优势系数必然大于 1；如果 4 个因素系数都小于 1，则比较优势系数必然小于 1。显然，作为地区主导产业的候选产业，其比较优势系数值必须大于 1，否则，不应予以考虑。当地区内不同产业进行比较时，我们可以按比较优势系数值大小排序，无疑应优先选择比较优势系数值大的产业作为主导产业。

6. 产业协调状态最佳基准

产业协调是优化产业结构的结果，是产业结构合理的表现，是产业结构效率高的源泉。产业结构的协调是整个产业作为整体活动的协调，包括生产、技术、利益、分配等各个方面的协调。当一个国家或地区各个产业部门处于协调状态时，就会使社会的产业在整体结构上产生 1+1>2 的效果，形成较高的结构生产率和较强的产业配合力，提高产业的经济效益和在产业运动中创造更多的财富，促进社会经济的持续、快速、健康发展。在产业结构运动中，一个产业部门越具有这种功能，在产业结构中的协调性功能就越强，就越有机会成为国民经济的主导部门。

（三）主导产业群体及其更替

通过产业部门之间的联系，相关产业组合成一个群体。主导产业实际上也以一个群体出现，主导产业对国民经济的带动作用正是主导产业群整体作用的结果。而且，类似于技术进步和社会供求关系的发展都存在由低到高和由简单到复杂的演变顺序，主导产业群的替代也存在严格的演变顺序。虽然各个经济体具体情况不同和所处的工业化、现代化的历史阶段有所不同，每个演变顺序中各个环节的时间长短也有明显差别，但主导产业群的演变顺序是由先前的主导产业群向新兴的主导产业群演变。从近代第一次产业革命以来，世界经济的发展总共经历了五次主导产业群的更替，每次更替的主导产业部门都不相同，可归纳为表 3-1。

表 3-1 主导产业发展的五个历史阶段

阶段	主导产业部门	主导产业群体或综合体
第一阶段	棉纺工业（第一次产业革命）	纺织工业、冶炼工业、采煤工业、早期制造业和交通运输业
第二阶段	钢铁工业、铁路修建业（第一次产业革命成果的延伸应用）	钢铁、采煤、造船、纺织、机器制造、铁路运输、轮船运输等

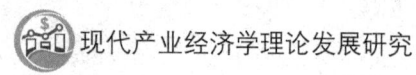

第三阶段	电力、汽车、化工和钢铁工业（第二次产业革命）	电力、电器、机械制造、化工、汽车等+第二个主导产业群各产业
第四阶段	汽车、石化、钢铁和耐用消费品	耐用消费品、宇航工业、计算机工业、原子能、合成材料等+第三个主导产业群各产业
第五阶段	信息产业（第三次科技革命和高新技术产业化）	新材料工业、新能源工业、生物工程、宇航工业等+第四个主导产业群各产业

主导产业及其群体的更替说明，在产业发展中，主导产业及其群体的历史演进是一个由低级到高级、由简单到复杂、产业总量由小到大的渐进过程。在这个过程中，由于主体需要的满足和主体发展中不同阶段的不可逾越性，以及社会生产力发展中不同技术阶段衔接的不可间断性，决定了发展中国家在选择和确定主导产业及主导产业群体、进行主导产业及主导产业群体的建设时，一方面必须循序渐进，但某些领域可以"跳跃式"发展；另一方面可以兼收并蓄。综合几次主导产业及其群体的优势，缩短产业建设高级化的时间，在起点低、起步晚的情况下，用较短时间走完产业结构高度化所历经的近250年的路程，实现产业及其群体的高级化和合理化，实现经济社会的现代化。

三、产业价值链优化

（一）产业链与产业价值链

1. 产业链的概念

产业链的思想可以追溯到18世纪中后期的古典主流经济学家对劳动分工的研究。赫希曼于1958年在《经济发展战略》一书中从产业的前向联系和后向联系的角度论述了产业链的概念。最早提出"产业链"一词的是我国学者傅国华，他在1990年—1993年从事海南热带农业发展课题研究时，受到海南热带农业发展成功经验的启迪，提出了热带农产品产业链，促进海南热带农业发展的观点。产业链是一种产业组织形式，描述的是厂商内部和厂商之间为生产最终交易的产品或服务所经历的增加价值的活动过程，它涵盖了商品或服务在创造过程中所经历的从原材料到最终消费品的所有阶段。

2. 价值链的含义

基本的价值链包括企业基础设施、人力资源管理、技术开发和采购四种辅助活动以及内部后勤、生产经营、外部后勤、市场营销和服务五种基本活动，每一个企业的价值链都是由以独特方式连接在一起的这九种基本的活动类别构成的。同一产业内的企业有相似的价值链，但是，因为每一个企业的价值创造环节的重要性不同，从而构成企业各自的潜在或特有的竞争优势。同时企业价值链还体现在价值系统的更广泛的系列活动中，即供应商价值链、企业价值链、渠道价值链和买方价值链构成的价值系统。企业之间的竞争不只是某个环节的竞争，而是整个价值链的竞争。价值链在经济活动中无处不在。企业内部各业务单元的联系构成了企业的价值链，上下游关联的企业与企业之间存在产业价值链。

3. 产业价值链的含义

产业价值链是产业链背后所蕴藏的价值组织及创造的结构形式，产业价值链代表了产业链的价值属性，决定产业链的经营战略和竞争优势。产业价值链的形成有效地实现整个产业链的价值，反映价值的转移和创造。如果说产业链描述了产业内各类企业的职能定位及其相互关系，说明产业市场的结构形态，那么，产业价值链的概念则更加突出了"创造价值"这一最终目标，描述了价值在产业链中的传递、转移和增值过程。产业价值链的形成正是在产业链的结构下遵循价值的发现和再创造过程，充分整合产业链中各企业的价值链，持续地对产业链价值系统进行设计和再设计。

产业价值链的主要特征是：

①构成产业价值链的各个组成部分是一个有机的整体，相互联动，相互制约，相互依存。每个环节都是由大量的同类企业构成，上游环节和下游环节之间存在着大量的信息、物质、资金方面的交换关系，是一个价值递增过程。

②增值性是产业价值链的一个主要特征。

③产业价值链具有循环性的特点。价值增值实现的过程是一个不断循环的过程。

④产业价值链的各个环节技术关联性强且在技术上具有层次性。

⑤产业价值链的各个环节存在着增加值与盈利水平的差异性。

⑥产业价值链的各个环节对要素条件的需求存在差异性。不同的环节，对于技术、人力、资本、规模等要求不同，因而具有不同的区位偏好。

根据价值理论，把产业价值链描述为：某一行业中从最初原材料到初步加工，再从精加工到最终产品以及到达消费者手中为止的整个过程中价值的分布和关联。产业价值链实质上是产业链的价值的转移和创造，它反映了产业链更深层的价值含义。

产业价值链存在两维属性：结构属性和价值属性。从结构属性上看，产业价值链是指一种产品的"生产→流通→消费"全过程所涉及的各个相关环节和组织载体构成的一个网络状链式结构，可简称产业链。从价值属性上看，产业价值链是在此产业链中大量存在着上下游关系和相互价值的交换，上游环节向下游环节输送产品或服务，下游环节向上游环节反馈信息的过程。从现代工业的产业价值链环节来看,一个完整的产业价值链包括原材料加工、中间产品生产、制成品组装、销售、服务等多个环节,不同环节上有不同的参与角色,发挥着不同的作用,并获得相应的利益。产业价值链上各个环节的活动都直接影响整个产业的价值活动,而每个环节又包括众多类似的企业,它们的价值创造活动具有相似性。

产业链、价值链和产业价值链三者互为关系。产业价值链代表了产业链的价值属性,它是由产业链内各个企业的价值链整合而成。产业链是一个产业成长发展的必然产物。产业链是随着该产业的形成而自然形成的,因此,根据产业的特性不同,不同的产业链具有不同的价值链,其产业价值链构成往往存在差异性,而且处于动态变化之中。

(二)产业链分工

产业链是产业活动的一种分工。随着技术的进步、市场规模的扩大以及需求的多样化,原来由企业承担的部分职能开始发生分离,企业所承担的职能越来越趋向于专业化。随着各个环节从事同一分工的企业不断增多,随之形成的产业纵向分工也越来越细。比较典型的是,伴随着信息技术的发展以及全球市场的形成,企业的纵向分离、外包、外购中间产品或中间服务开始大量出现。此时,单个企业的生产不仅受到自身能力的制约,还受到上下游企业的制约。随着产业中分工的不断深化和演变,企业之间的关系也不断演变,既有相互之间的合作与互补,也有相互竞争和制约,产业链的雏形就显现出来了。产业链就是一种以收益递增为特征的纵向产业内分工和以比较优势为特征的横向产业间分工为主导且相互交织的产业组织形式。因此,分工的深化是产业链发展和市场扩大的过程,这个过程表现为"迂回生产"的延伸和价值链的拉长。分工所带来的产业链结构中新增的节点或中间环节,既是价值的新增长点,也为技术进步和经济增长提供了更大的空间。

市场容量和产业链的联结密度是产业链分工变化的直接原因。在产业发展的过程中,分工之所以能够不断进步,是因为产业链所属空间的联结密度的恒定增加和市场容量的扩大。市场容量大,分工未必发展。市场容量只是分工的一个附加因素。只有产业链所属空间的联结密度在同样的时间、同样的程度上不断增加的时候,市场容量的增加才能促进劳动分工的发展。

(三)产业链整合

1. 产业链整合的含义

产业链整合是指企业把主要精力放在提升核心竞争力上,其他非核心业务则由产业链上其他企业协作完成，利用企业外部资源快速响应市场需求。只要是产业链上的企业能够直接或间接控制链上其他企业的决策，使之产生期望的协作行为，就视为产生了某种程度的"整合"。产业链整合有助于链上各成员提升企业核心竞争力，改善企业绩效。在变化的环境中，产业链整合成为更新企业能力的战略工具。

2. 产业链整合的模式

产业链整合通常是围绕主导企业进行的，整合目标是产业链上企业产生协同运作的效果。在进行整合的过程中要以信息共享为基础，并且实现风险、成本和利益共担。产业链包含纵向的链状形态和横向的行业形态两个维度。

（1）产业链的纵向整合

产业链的纵向整合就是对产业链纵向形态上的战略性资源进行整理、协同、综合、系统化、集成和融合，形成对战略性资源和能力的有效控制，是培育核心竞争力，保持竞争优势的战略性行为。产业链纵向整合的目的是通过确定产业链各环节创造价值的大小及其重要性，识别产业链的关键环节和主导环节，占据产业链发展的优势地位，实现对整个产业链资源的控制和优化。其表现通常是产业链的延伸和拓展以及产业链的接通。产业链中主导企业通过多种途径将其生产经营业务分别向上下游的相关部门延伸，逐渐掌握和控制产业链的关键环节。产业链纵向整合的方式有纵向合并和纵向约束两种。

纵向合并就是企业将产业链上存在上下游关系的企业合并，组合成新的企业整体。通常将产业链下游合并称为前向合并，目的是获得生产经营所需的原材料的投入；将产业链上游合并称为后向合并，目的是提高产品需求的稳定性。

这种方式最大的优点就是节约了交易成本，尤其是在专用性资产投资的情况下，资产的专用性越强，所带来的投资沉淀成本就越高，供应商和重复购买者就有强烈的合并动机来避免沉淀资本投资所带来的潜在损失。当然，通过纵向合并，新的企业整体会在市场获得更多的谈判优势和议价优势，或者至少避免了谈判劣势。纵向合并将原来多个企业的市场分工转变成一个新企业的内部分工，并没有影响产业价值链的增值方式。

当然，也可以产业链的某一环节为中心沿双向进行产业链整合，只不过整合的方向取决于相对于该环节的位置而已，因此，后向或前向合并的划分并不是绝对的。

纵向约束是指产业链上的企业可以通过对上下游企业施加约束，比如主导企业通过技术控制、资本控制和渗透、契约约束等机制使得其他企业接受一体化合约，通过价格或产量控制实现纵向上产业链垄断利润的最大化。纵向约束与产业链横向整合中的横向战略联盟有着本质上的相似之处。

按照产业链各环节整合控制的紧密程度，纵向约束可分为紧密型约束和松散型约束。

产业链各环节之间的联系密切，关联程度高，相互之间的影响大。主导企业的控制能力强，则为紧密型约束；反之，产业链各环节之间的联系较少，关联程度较低，相互影响也较小，主导企业的控制能力较弱，则为松散型约束。紧密型约束对产业链的控制能力和支配能力强，能够更好地统筹、协调产业链的资源配置和运行，通常是对关键技术环节的整合，代表了产业链的核心竞争力。松散型约束对产业链的控制和资源配置能力较弱，一般用来整合相关的非核心的业务。

（2）产业链的横向整合

产业链的横向整合围绕产业链上的主导环节或关键环节展开，主要是为了增加产业链的"宽度"，扩大产业链环节的规模，增强核心企业实力；在增强主导环节或关键环节核心竞争力的同时，也提高薄弱环节能力，提升整体产业链的竞争力和运行的稳定性。产业链横向整合的目的主要是整合企业各项技能、提升企业核心能力、扩大企业规模、提升企业规模竞争优势、提高企业市场占有份额，避免行业内的散乱竞争。

产业链横向整合的方式主要有整合企业能力、建立衡量企业联盟，以及进行横向合并三种。

第一，整合企业能力。企业能力是指企业通过资源配置发挥其生产、竞争作用的能力，来源于企业生产、制造、技术、销售、资金、管理等有形资源和无形资源以及组织资源的整合。因而对产业链上的关键企业能力进行整合，就是促使其形成核心竞争力，增强自身以及所在产业链环节的持续竞争优势。对企业能力进行整合可以从强化制度管理、建立企业信息管理系统、实施业务流程再造、培养良好的企业文化氛围等方面入手。

第二，建立横向企业联盟。建立横向企业联盟主要是为了提高链环的市场势力，在保持各企业独立自主性的前提下，以一致的战略目标和合作协议为约束实现联盟，提高对市场价格调整的控制力，便于联盟获得更高的垄断利润。但由于联盟内部企业之间存在信息不对称和囚徒博弈困境，使得联盟的长期稳定性不容易维持。常见的横向企业联盟方式为价格联盟，价格联盟是链环上的企业通过共同协议对价格予以控制以达到提高利润的目的，但这种方式很容易带来消费者福利和社会福利的损失，存在一定的市场风险。

第三，进行横向合并。通过企业横向合并，能提高市场集中度和市场势力，合并后的企业能更好地实现规模经济，促进行业的有效竞争。同时，进行横向合并，提高产业市场集中度也有助于在位厂商，或者与其他在位厂商联合构建进入壁垒，阻止潜在的进入者的进入，避免产业的过度竞争。常见的横向合并方式有收购、兼并等。

（3）产业链的综合整合

产业链的综合整合是指产业链之间的相互整合，即产业链之间突破单一产业链的限制，相互渗透、相互影响，形成产业之间以及地理空间上的相互融合，构成一个复杂的相互交织的网状组织，从而将产业链的范围进一步扩大，形成产业网。这个产业网无论是地理空间还是产业空间都极大地向外拓展，资本、知识渗透到各个产业中，成为相互联系的纽带。特别是随着产业链整合进程的不断深入，知识、技术成为产业链之间的内在逻辑联系，资本和知识的外溢推动产业链不断地向外扩张，寻求具有可持续发展的资源优势和技术优势，综合利用各种技术、资本、自然资源，建立产业链之间的联系，构建长期可持续发展优势。这种整合着眼于不同性质的产业链间整合，其实质是产业整合，增加了跨产业链整合的难度。因此，需要借助于公共服务平台，通过资本和技术等来整合物流、金融、信息等服务配套产业，实现对产业链的网络化、多功能化的扩展，甚至向其他优势产业转型，避免出现产业链同构造成的恶性竞争与资源浪费。在这个综合整合的过程中，要综合考虑国家的产业政策和产业结构调整，在国家政策的指导下，制定产业链综合整合的战略和措施，在市场机制的主导作用下，进行产业链的综合整合。

（四）产业链优化

1. 产业链优化的含义

产业链优化是指产业链不断运动和变化，从而由低级形态向高级形态转变，由不协调向协调转变，由低效率向高效率转变。产业链是基于产业关联形成的特殊经济系统，产业链优化就是产业链的结构更加合理有效、产业环节之间的联系更加紧密协调，进而不断提高产业链的运行效率和价值实现的转变过程。

现代经济是快速发展中的经济，在经济全球化、贸易自由化和国民收入增加、消费结构不断变化的作用下，市场对各类产品的需求也呈现出多维性、复杂性和可变性，由此决定了作为市场主体的产业链群体内的各个产业部门不断调整自身经济行为，表现为产业链的适应性调整。这些调整包括产业链环节的增删、产业链主体运行路线的改变，以及产业链的空间分布的变更等。产业链优化就是要以这种动态调整为基础，使整个产业链向协调、有序和高效转化。

2. 产业链优化的内容和途径

根据产业链优化的内涵与目的，优化内容主要体现在三方面，即产业链延伸、产业链提升和产业链整齐，这也是实现产业链优化的主要途径。

（1）产业链延伸

产业链延伸是指产业迂回程度的提高，它是产业结构调整的高度化中所要求的高加工度化的体现，包括三种情形：向前延伸、向后延伸和增加中间环节。通常所说的延伸是产业链的后续产业环节得以增加，或是得以增生扩张以获取追加收益的过程。加工环节的增加，由于追加了劳动、资本和技术，往往可以获得更多的附加价值。产业链的延伸有全国和地方两个层次。从全国宏观层次来看，产业链一般比较完整，构成产业链的环节是经过长期的演变所形成，而一旦形成则不是短期内可以随意改变的，因而可以认为短期内不存在产业链的延伸问题。但从区域层次来看，一定区域内由于受自然、地理、经济等各方面影响，它往往只具有产业链中的一个和几个环节，其他环节没有或相对弱小，因而需要构建完整的产业链条。区域层次内的产业链延伸可以促进地区经济结构的高度化，通过后续产业环节的增加带来本区域的高附加价值化，使产业链的增值保留在本区域之中。

（2）产业链提升

产业链提升是指产业链整体素质的提高，即产业链的各环节向高技术化、高知识化、高资本密集化和高附加价值化的演进。它也是产业结构高度化在产业链中的体现。这是产业链优化中的一个重要方面，对于提高产业链的竞争力至为关键，但在产业链优化中较少提及。实际上，这个优化内容既不同于产业链的延伸（环节多少或路线长短），也不同于产业链整合（环节之间的连接合作、协调合理），而是各个链环的知识含量、技术层次、资本密集程度和附加价值水平的不断提高，其中尤以技术素质至为重要。

（3）产业链整合

产业链整合是产业链环之间的连接、合作与协调，它根据社会资源状况和市场需求状况的变化，在产业链环之间合理配置生产要素，协调各产业链环之间的比例关系，产生出协同效应和聚合质量。产业链的整合有许多内容：从产业链形态要素来看，有物流的整合、信息流的整合和价值流的整合，以及经营主体的整合等。从产业链的时空分布来看，有宏观层次内的产业链整合、区域内的产业链整合和跨区域的产业链整合等。因此，应以产业链中微观主体之间的合作机制和伙伴关系为基础，加强产业链环之间的衔接与合作。

产业链优化各项内容之间存在着紧密联系，只有达到三者的统一才能有效实现产业链的优化和升级。

第四章 产业发展理论

第一节 产业发展基础理论

一、产业发展概述

产业发展、产业增长、经济发展、经济增长等既有一定的区别又有密切的联系。

（一）产业发展的内涵

1. 产业发展的含义

产业发展是指产业的产生、成长和演进。产业发展既包括单个产业的进化，又包括产业总体的演进；既包括产业类型、产业结构、产业关联和产业布局的演进，又包括产业组织的变化、产业规模的扩大、技术的进步和效益的提高。

产业发展的过程，既是单个具体产业产生、成长、繁荣、衰亡的不断现代化的过程，也是产业总体的各方面不断由不合理走向合理、由不成熟走向成熟、由不协调走向协调、由低级走向高级的过程，也即产业结构优化、主导产业分阶段化、产业布局合理化、产业组织合理化的过程，产业发展的状况，既是产业类型变化规律、产业结构演进规律，也是产业发展的规律。

可以说，产业发展即整个国民经济的进化过程，其核心就是一个结构变化的过程。因此，"产业发展"的概念类似"经济发展"，当然，后者的内涵要比前者宽泛得多。经济发展包括了产业发展，又以产业发展为前提和基础；产业发展又是经济发展的必要条件、关键因素和强大动力，产业发展的状况直接决定整个国民经济发展的状况。因此，产业发展的研究对促进国民经济的发展具有特别重大的意义。

2. 经济增长与经济发展

经济增长与经济发展这两个概念之间虽然有根本的区别，但它们之间也有很强的联系。经济增长（Economic Growth）是指一个国家或地区在一个时期内实际货物和劳务产出的增长。它既可以用国民生产总值计算，也可以用人均国民生产总值计算，前者用来表示一国总的生产能力的扩大，后者用来表示一国扣除人口增长因素后生产水平的提高。如果一个国家的商品和服务增加了，不管从什么意义上，都可以把这一增加看成"经济增长"。

经济发展（Economic Development）的含义就要广泛得多，除了产出增长和人均产出的增长之外，它还伴随经济结构（产业结构、就业结构、消费结构等）、政治体制、文化法律，甚至观念、习俗的变革等。一般而言，经济增长是手段，经济发展是目的。经济增长是经济发展的基础，经济发展是经济增长的结果。没有经济增长是不可能有经济发展的。但是，经济增长不一定必然带来经济发展。

产业既是具有某种同一属性的企业的集合，又是国民经济以某一标准划分的部分，即产业是国民经济的有机组成部分。经济发展包含了产业发展，经济发展的核心是一个结构变迁、不断升级的过程，经济发展是以产业发展为前提和基础的，产业发展是指产业的产生、成长和进化的过程，既包括每一个产业的进化过程，也包括各产业总体的进化过程。显而易见，经济发展的含义要比产业发展的含义宽得多。

3. 产业增长与产业发展

产业发展也不同于产业增长。产业增长单指产业生产能力、经济潜力的增强，或者是指从产出角度来看的产业产出量的提高。产业发展则包含了更广泛、更深刻的内涵。产业发展包含产业增长，而产业增长只是产业发展集合中的一个子集。可见，产业发展与产业增长既有联系，又有区别。产业增长是产业发展的前提。产业发展首先是产业产出的增加，它不等于产业增长，但又包含产业增长，没有增长就必然没有发展。因此，如果混淆了二者的区别，则很容易认为产业增长必然会带来产业发展。要想求得产业的发展，首先必须求得产业的增长，并应使增长达到一定的速度与规模。没有增长这个前提和先导，产业发展的各方面都会失去基础。

（二）产业发展的主要影响因素

决定和影响产业发展的因素十分复杂，既包括政治、经济、文化、历史等宏观性因素，也包括需求、供给、对外贸易、经济制度及经济发展战略等具体性因素。这些因素相互交织、相互联系，影响和决定产业发展的轨迹。

1. 需求因素

需求主要包括消费需求和投资需求。生产满足需要，需求促进生产，这就意味着需求和需求结构的变动必将引起生产和生产结构的相应变动。而生产结构本质上就是产业结构，因此需求会显著决定和影响产业的发展。

（1）投资结构

投资是企业扩大再生产和产业扩张的重要条件之一。投资结构是指资金投向不同产业方向所形成的投资配置量的比例。投资方向的不同，会直接导致已有产业结构的改变。当投资流向创造新的需求时，将形成新的产业而改变原有的产业结构；当投资流向部分产业时，将推动这些产业以比未获投资的那部分产业更快的速度扩大，进而影响原有的产业结构；当对全部产业投资但投资比例各不相同时，则会引起各产业发展程度的差异，并导致产业结构的相应变化。正因为投资是影响产业发展的重要因素，政府往往采用一定的投资政策，通过调整投资结构来实现产业发展的目标。

（2）积累和消费结构

积累是指用于生产性的投资量。消费是指居民对最终产品的需求量。积累和消费结构，其实质是投资与消费的比例。由于一定时期内的一国国民收入是一个定量，如果不考虑引进外资等因素，投资量和消费量存在此消彼长的关系，即投资量增大，消费量必然减少，反之亦然。当投资比例较高时，相关的资本资料产业将得到较快发展，产业结构也会发生相应变动，当消费比例较高时，扩大的居民消费需求会刺激生产消费资料产业部门的较快发展，同时会涉及与生产消费资料相关的生产资料产业部门的需求变化，同样也会推动产业结构的变动。对积累和消费的比例，不能随意确定，如果人为地提高积累率，会导致消费不足，造成有效需求萎缩，最终影响生产发展；同样，如果人为提高消费资金比例，则会因为积累不足进而影响生产发展，造成供给相对减少，也不可能实现居民消费需求增长的目的。因此，对这一比例的确定应该以实现生产和消费的良性循环和可持续发展为前提，充分考虑人口、社会文化、经济实力水平、经济发展目标等诸多因素。

（3）个人消费结构

个人消费结构是指个人在衣、食、住、行、文化、娱乐、保健和旅游等方面的消费支出的比例关系。这一比例将直接影响消费资料产业部门的发展，并间接影响给这些产业提供生产资料的生产资料部门的发展，进而影响产业结构的变动。当然，这种变动是有规律可循的。德国社会统计学家恩格尔在大量调查统计的基础上，于1875年发表的名为《萨克森王国的生产与消费状况》的著名论文中，揭示了著名的"恩格尔定律"，即随着人均收入水平提高，人们在食物消费方面支出的比重会趋于减少；随着人均收入的提高，人们的消费结构会由以购买食品、衣服等非耐用消费品为主转向购买电视机、音响、洗衣机、电冰箱等耐用消费品及娱乐、社交和旅游等服务类消费品，从而相应地刺激耐用消费品产业和旅游、娱乐等服务性行业的发展。这种消费结构的转变在改变消费资料产业的内部结构的同时，也改变了整个国家的三次产业结构。

（4）中间需求和最终需求的比例

中间需求和最终需求的比例是一种重要的需求结构。中间需求是指对中间产品的需求，即对尚需继续投入生产过程，并在生产过程中一次转移其全部价值的产品，如原材料、零部件等产品的需求；最终需求是指对最终产品的需求，即对不再需要进入生产过程，即可供人们消费或投资之用的产品的需求。中间产品的需求结构决定着生产中间产品的产业的内部结构，最终产品的需求结构决定生产最终产品的产业的内部结构。

决定中间需求与最终需求的比例的主要因素有专业化协作水平、生产资源利用率（利用率越高，相同产出的最终产品对中间产品的消费需求就越少，反之就越多）、最终产品的性能和制造技术的复杂程度（复杂程度高，对中间产品的需求量就越大）。显然，中间需求和最终需求的比例变动将会使社会生产的产业结构发生相应的变动。

2. 供给因素

资源供给结构是指自然资源、人力资源、生产技术等资源的拥有状况和各种资源供应价格之间的构成关系。一国的资源供给结构对该国产业的发展与变化有极大的影响。

（1）自然资源

资源是相关产业发展的物质基础。一国的资源一般可分为待开发资源和已开发、正在利用的资源两类。前者在技术水平达到开发要求时，必将成为未来产业形成和发展的基础，后者的供给状况直接决定和影响产业结构，在发展产业时，我们往往注意发挥资源优势，优先发展同本国可以开发利用的丰富资源相关的产业，为进一步发展其他产业积累资金。因此，许多国家的产业结构都带有本国资源结构的印记。当然，自然资源对一国产业结构的影响程度，在不同经济发展阶段是不同的。一般来说，一国经济技术较落后，资源供给结构就能在较大程度上左右该国的产业结构。随着经济的发展和生产技术水平的提高，有关产业发展所缺资源可以通过进口来弥补，该国的资源结构状况对产业结构的演化所起的作用就会越来越小。尽管在不同国情下的资源对产业结构的影响程度大小有所差异，但这种差异的存在本身已足以说明，一国的自然资源状况确实能够在一定程度上影响和决定该国的产业结构。

（2）人力资源

人力资源是指具有生产劳动技能的劳动者的供给量。人力资源对一国产业结构的影响主要表现在以下几方面：第一，作为生产力三要素中具有能动性的要素，劳动者的文化素质、知识结构、生产技能的状况，将在较大程度上影响产业发展，从而影响产业结构。低质量的劳动力，由于缺乏可转移性，必然会阻碍产业结构向更高阶段发展；反之，拥有现代技术和文化素养的高质量劳动力，必将加快推动产业结构向高度化演变。第二，人力资源的供给结构对一国产业结构的发展变化有重要的影响。一般来说，如果劳动力资源供给充裕、价格便宜，投资者从取得较高投资收益的角度来考虑，就会加大对劳动密集型产业的投资，从而促进该类产业的发展；而如果劳动力资源供给稀缺、价格上升，当劳动力的边际产出率小于资金的边际产出率时，投资者就会倾向将资金投向劳动力运用较少的资金密集型产业，从而推动资金密集型产业的较快发展。

（3）资金供给

资金供给状况是指可供投资的资金量及其使用价格的状况。若不考虑引进外资因素，一国可供投资的资金规模主要取决于国内储蓄状况，而国内储蓄量的大小又受人民收入水平的制约。一般来说，收入水平低，储蓄倾向就小，可供投资的资金就少，必然会制约产业，尤其是资金密集型产业的发展。这是因为资金供给紧张，会使资金使用的代价，即贷款的利率上升，这样就会阻碍重工业和技术密集型等资本有机构成较高的产业部门的发展；反过来，资金供给充裕，使用成本就会下降，有利于资金流向技术和资金密集型产业，进而推动产业结构的演化和发展。显然，一国产业结构的演变与资金供给状况高度相关，即便引进外资，也会因融资价格的高低而直接影响这些资金的产业投向。

（4）生产技术体系

科学技术是推动一国产业结构变化最重要的因素之一。从技术角度来看，一国的产业结构表现为一定的生产技术结构。生产技术结构的进步与变化会引起产业结构的相应变动。能源利用率的技术水平提高，会使一定规模的加工产业的能源需求量减少，相应地，能源产业部门的供给规模也会相对缩小。新工艺、新技术的出现，会促使新的产业部门产生，与此同时，使用原有陈旧技术、工艺的产业部门会逐渐衰退，尤其是与其他产业部门高度相关的高新技术的出现，会引起一国产业结构的重大变化。例如，大规模集成电路的出现、电子计算机技术的发展，使工业全盘自动化成为可能，也为信息产业的蓬勃发展开辟了道路，进而又推动了电子计算机产业的迅速扩张。

3. 对外贸易因素

随着生产社会化的不断发展，一国与世界其他国家的经济交往活动越来越频繁，这种经济交往活动给该国的产业结构带来越来越重要的影响。对一国产业结构产生影响的对外贸易因素，主要表现在以下几方面：

（1）进出口贸易

社会分工打破国家界限，引发出口国与进口国在资源、产品、劳务等方面的交换，即国际贸易。进出口贸易有利于各国发挥自身比较优势，获得比较利益。进出口贸易对产业结构的主要影响包括资源、商品、劳务的出口会对国内相关产业的发展起推动作用；国内紧缺资源、劳务的进口可以弥补本国生产该类商品产业的不足，同时进口某些新产品还有助开拓本国市场，为本国发展同类产业创造条件等，当然，有些商品的进口也可能会对本国某些产业的发展起抑制甚至冲击作用。

（2）国际技术转移

国际技术转移是指通过各种方式使生产技术、技术诀窍等在各国之间流动和转让。成套设备、自动流水线及其先进技术的引进，不但会带来进口国相关产业技术水平的较大提高，而且能够促进进口国新兴幼稚产业的较快成长，即技术转移会对一国产业结构产生影响。第二次世界大战后的日本经济之所以能够迅速实现起飞，一个极其重要的成功经验便是博采众长，引进了欧美国家的先进技术，并加以消化、创新，从而加速了产业结构高度化演进的进程和工业化步伐。改革开放后的中国，也通过引进大量先进、实用的技术，改造了传统产业，促进了一批新兴产业的成长，在产业结构的合理化调整和高度化发展中发挥了重要的作用。

4. 制度、政策与发展战略

许多有关产业发展的模型主要是通过各种物质生产要素的变化分析生产率的变化和产业发展的状态，而将制度、政策与发展战略这类人为因素视为已知的、既定的，即作为"外生变量"而排除在模型考虑因素之外。在这些模型中，尤以产业发展的技术创新论风行一时。那么，是否可以就此认为，当物质生产要素不变，尤其是技术不变时，生产率就无法提高，产业发展就不能实现了呢？显然，这种推断是不严谨的。制度、政策与发展战略这类人为因素，作为主体行为的结果的客观运动，与其他生产要素在某些方面，尤其在实现产业发展和经济增长方面会有一定的相似之处。制度变迁和技术进步的行为主体都是追求收益最大化的。当然，不同的行为主体（如个人、团体或政府）推动制度变迁的动机、行为方式及其产生的结果可能有所不同，但它们都服从制度变迁的一般原则——制度变迁是为了在实现社会总收益增加的同时又不使个人收益减少。制度变迁的成本与收益之比对促进或推迟制度变迁起关键作用。只有在预期收益大于预期成本的情况下，行为主体才会去推动直至最终实现制度的变迁。日本产业政策和外向型经济发展成功的一个很重要的原因，便是由于其制度变迁的收益与成本之比较小，因而其制度变迁比其他国家更易进行，与此同时，日本充分利用了后发优势，迅速地推进了本国的产业升级。

5. 环境因素

环境是作用人类的所有自然因素和社会因素的综合。生态环境是人类或生物集团与环境相互作用，通过物质流和能量流共同构成的环境复合体的总称。生态环境能为产业发展提供基本的生产条件和对象，如土地、森林、草原、淡水、空气、矿藏等，同时它又是人类社会生产和生活中产生的废弃物的排放场所和自然进化场所。因此可以说，生态环境是产业发展赖以生存的基础。

在工业化之前的社会中，人们把生态环境看成取之不尽、用之不竭的，任何人都可以无偿使用并且不会损害他人利益的免费物品。进入工业化社会后，随着生产规模的急剧扩大和城市化进展和城市化进程的不断加深，人类对环境资源的需求量日益增加，生产和生活的各种废弃物排放量也越来越多，局部地区甚至超过了环境容量和净化能力所允许的极限，出现了形形色色的环境污染问题和环境资源短缺现象。直至此时，生态环境对产业发展的制约作用才逐步引起人类的重视，经济学家也开始将环境因素纳入经济发展的分析框架中。可持续发展的思想将深刻地影响世界各国产业的整体发展，环保产业则会成为产业发展中的一个新的经济增长点。

二、产业发展的理论基础

产业发展理论建立在马克思的经济增长理论及西方经济学的经济增长理论的基础上。

（一）马克思的经济增长理论

卡尔·马克思（1818—1883）经过多年的科学研究，独立地开辟了后来被称为经济增长理论的新领域。马克思从 19 世纪 50 年代末开始研究社会资本再生产问题，到 80 年代初最终完成自己的社会资本再生产理论，经历了 20 多年的漫长过程。马克思在批判地继承古典经济学家有关理论遗产的过程中，逐步形成、发展和最终完成了社会资本再生产和流通理论的科学体系，即经济增长理论的科学体系。马克思创立社会资本再生产理论的过程就是创立经济增长理论的过程。马克思的经济增长理论主要包括以下基本内容。

1. 剩余价值理论

剩余价值是雇佣工人所创造的并被资本家无偿占有的超过劳动力价值的那部分价值。马克思在《资本论》（1865）中写道，剩余价值是雇佣工人所创造的并被资本家无偿占有的超过劳动力价值的那部分价值，它是雇佣工人剩余劳动的凝结，体现了资本家和雇佣工人之间剥削和被剥削的关系。

其基本观点是：

①资本家向工人支付工资，购买工人的劳动力以后，即强迫工人为其长时间地劳动，货币由此转化为资本；

②资本家的全部资本分为两部分：一部分用于购买工人的劳动力，称为"可变资本"，其价值量在生产过程中是可变的，能通过工人的劳动来增加；另一部分用于购买机器设备、原材料、燃料等，称为"不变资本"，在生产过程中其价值量是不变的，只是将原来

的价值转移到新产品中去。

③工人的全部劳动时间分为两部分：一部分叫"必要劳动时间"，用来再生产工人的劳动力价值；另一部分叫"剩余劳动时间"，用来创造新的价值。

④工人在剩余劳动时间所创造的新价值，就叫剩余价值；

⑤剩余价值本来是工人劳动的产物，应归工人所有，但是却被资本家凭借对企业的所有权无偿独占，这就是资本家剥削工人发财致富的秘密。

⑥资本家为了加强对工人的剥削，赚取更多的剩余价值，所采取的基本途径有两条：一是强迫工人延长劳动时间，或强迫工人提高劳动强度，绝对地增加剩余劳动时间，这种方法叫"绝对剩余价值"；二是通过技术进步，缩短必要劳动时间，即缩短工人再生产劳动力价值的时间，相对延长剩余劳动时间，这种方法叫"相对剩余价值"。

2. 社会资本再生产理论

马克思认为，社会资本再生产是一个不断循环运动而实现的社会总资本的再生产。马克思根据使用价值的最终用途，把社会总产品划分为生产资料和消费资料两大类，相应地把社会生产分为生产资料生产（第一部类Ⅰ）和消费资料生产（第二部类Ⅱ）两大部类。同时，又把每个部类的产品从价值上划分为不变资本C、可变资本V和剩余价值M三个组成部分。不变资本是资本家用于购买生产资料的那部分资本，在生产过程中，借助于工人的具体劳动，把原有价值转移到新产品中去，价值量没有发生变化。可变资本是指用于购买劳动力的那部分资本，要生产过程中由劳动力的使用创造大于自身价值的价值，使预付资本价值量发生了变化。

社会资本再生产运动的核心问题是实物替换和价值补偿的实现问题。而这两方面的关系，又是以实物替换为基础。只有实物上和价值上都得到替换和补偿，简单再生产才能实现。扩大再生产是在简单再生产的物质基础上进行的。第一部类要进行扩大再生产，剩余价值就不能全部用于资本家个人消费而去和第二部类相交换，必须有一部分转化为积累。这样剩余价值（即M）就分为两部分：一部分仍作为资本家的个人消费（以M/X代表）；另一部分用作积累（即M-M/X）。而积累又必须按照生产资料和劳动力的比例分为两部分：一部分作为追加不变资本（以△C代表）；另一部分作为追加可变资本（以△V代表）。由于M有一部分留作本部类的积累，不能再和第二部类去交换，所以Ⅰ（V+M）＞ⅡC。同样，第二部类要进行扩大再生产，M也必须分为M/X、△C、△V三部分，留作本部类积累的可变资本部分也不能去和第一部类相交换，所以Ⅱ（C+M-M/X）＞Ⅰ（V+M/X）。这两个公式正是表明了进行扩大再生产要有追加生产资料和追加消费资料这个物质基础。

无论是简单再生产，还是扩大再生产，社会总产品各个组成部分的实物替换和价值补偿，社会资本再生产的比例关系必须按一定比例，经过相互交换，才能全部实现。交换关系有三种情况，马克思称为三大要点：

① I C 或 I （C+AC），是通过第一部类内部交换而得以实现；

② Ⅱ（V+M）或ⅢI（V+△V+M/X），是通过第二部类内部交换而得以实现；

③ I （V+M）= ⅡC 或 I （V+△V+M/X）= Ⅱ（C+△C），是通过两大部类之间的交换而得以实现。

总之，简单再生产与扩大再生产两大部类内部的交换关系和两大部类之间的交换关系，都是按一定的比例实现的。

3. 经济增长理论

第一，经济增长的实质就是生产力的发展。马克思认为，"一切生产都是个人在一定的社会形式中，并借这种社会形式而进行的对自然的占有"。生产力的发展决定人类社会发展的各方面，并决定生产关系、上层建筑相应的变革。经济增长的实质就是生产力的发展。

第二，经济增长具有永续性和递增性。由于知识的进步、由于人力资本和物力资本的累积效应，经济的发展有一种自加速的趋势。同时，由于生产力的发展具有永续性和递增性，因此，经济的发展也必然具有永续性和递增性。

第三，制度对经济增长具有至关重要的作用。马克思认为，"没有抽象的生产，也没有离开制度（生产关系是制度的核心）的生产力及其发展。生产力总是在一定的生产关系（制度框架）中组织和运行。先进的生产关系会促进生产力的发展，落后的生产关系则会阻碍生产力的发展"。马克思的这一理论对后来的制度经济学派产生了巨大的影响。

第四，生产力和生产关系组成的物质资料的生产方式是决定经济增长的根本因素。物质资料的生产方式主要包括经济生产能力、经济结构、体制变革等。

第五，建立合理的产业结构，按比例分配社会资源是经济发展的前提条件。国民经济都是由互相联系、互相制约的各产业部门组成的经济网络。各产业部门只有按客观需要的比例关系实现均衡增长，社会经济的总体才会稳定、持续发展。

（二）西方经济增长理论

马克思主要是从定性的方式来分析经济增长，而西方经济学家更多的是从定量的方法来分析经济增长，他们有的侧重把一些可观察的或易处理的增长要素（如资本和劳动）与增长实绩（如国民生产总值或国民收入）联系起来，建立各种或繁或简的计量函数模型，用于解释经济增长；有的侧重从经济增长过程中经济结构的演进、转变或高度化的角度来解释经济增长；有的侧重从经济增长的阶段性特征来描述经济增长及其条件；有的侧重从经济增长的要素来解释经济增长的原因和过程。因此，西方经济增长理论中包含了"模型论""结构论""阶段论""因素论"等主要流派。

1. 经济增长模型论

就是把各种经济增长要素作为自变量，把经济增长（通常用国民生产总值、国民收入或人均收入来表示）作为因变量，确定函数关系，以此来建立各种经济增长模型，用于解释经济增长现象。

在现代西方经济学文献中，20 世纪 80 年代以前最著名的经济增长模型有 3 个，即哈罗德-多马经济增长模型、新古典经济增长模型、剑桥经济增长模型。

（1）哈罗德-多马经济增长模型

哈罗德-多马模型即哈罗德-多马经济增长模型（Harrod-Domar Model），基于凯恩斯理论之上，出现于 1929 年—1931 年大危机后不久。该模型包括以下一些假定：①全社会只生产一种产品，这种产品既可用于消费，又可用于生产；②只有两种生产要素：劳动和资本，二者比例固定不变；③规模报酬不变亦即单位产品成本不随生产规模变化而变化；④不存在技术进步。

哈罗德-多马模型的表达式：

表示法一：$G_w = s/k = S\sigma$ 。

式中，G_w 为经济增长率，并具有总供给等于总需求，即"均衡增长"之含义；s 为收入中的储蓄比率或储蓄倾向（$I = S$）；k 为资本产出比或边际的资本产量之比；σ 为资本生产率，表示每一单位资本生产的产品数量。

表示法二：$G = S \cdot V$ 。

式中，G 是经济增长率，S 是资本积累率（储蓄率或投资率）；V 是产出-资本比。

表示法三：$\Delta Y/Y = s \times \Delta Y/\Delta K$ 。

式中，Y 为产出，ΔY 为产出变化量，$\Delta Y/Y$ 为经济增长率；s 为储蓄率；ΔK 为资本存量 K 的变化量；$\Delta Y/\Delta K$ 为每增加一个单位的资本可以增加的产出，即资本（投资）的使用效率。

该模型突出了发展援助在经济增长中的作用：通过提高投资（储蓄率）来促进经济增长；通过资本转移（发展援助）能够促进发展中国家的经济增长；发展援助通过技术转移降低资本系数（k），即提高资本生产率（1/k）来促进经济增长。

（2）新古典经济增长模型

新古典经济增长模型的主要代表人物包括美国的经济学家索洛和英国的经济学家斯旺。他们把劳动力增长、资本增长和技术进步作用综合在一起阐述经济增长。其模型包含如下假设：①全社会只生产一种产品；②资本-劳动比率和资本产出比率可以按需求进行调整和变化；③规模收益不变，边际生产率递减；④存在完全竞争，因而劳动和资本的边际生产率分别决定工资和利润，资本和劳动在任何时候都能得到充分利用；⑤存在技术进步。

新古典经济增长模型表达式为：

$$\Delta Y/Y = \Delta K/Y \cdot \Delta K/K + WL/Y \cdot \Delta L/L + \Delta r'/r。$$

式中，$\Delta Y/Y$ 为收入的增长比率（经济增长率）；$\Delta K/Y$ 为资本的产出弹性系数（或权数）；$\Delta K/K$ 为资本的增长比率；WL/Y 为劳动力的产出弹性系数（或权数）；$\Delta L/L$ 为劳动的增长率；$\Delta r'/r$ 为技术进步的增长比率。

新古典经济增长模型运用了变动的相对要素价格的生产率：外生变量包括储蓄率、人口增长率、技术进步率，内生变量包括投资，从而可以改变生产过程中投入要素的组合比例，这是哈罗德-多马模型中所不能包括的因素。但是，假定自由市场能够完全实现均衡与实际情况不符。

（3）剑桥经济增长模型

又称为新剑桥经济增长模型，它是现代凯恩斯主义新剑桥学派的经济增长模型。新剑桥经济增长模型包括以下假设：①资本-产量比率 k 保持不变，即常数；②均衡条件为 $I = S$；③社会成员分为工资收入者（工人）和利润收入者（资本家），两者的储蓄率都是固定的，而且利润收入者的储蓄率大于工资收入者的储蓄率。

剑桥经济增长模型的表达式为：

$$G_w = S/k = P(S_p - S_w) + Sw/k$$

式中，G_w 为经济增长率；P 为利润率；S_p 为利润收入者（资本家）的储蓄率；S_w 为工资收入者（工人）的储蓄率。

新剑桥经济增长模型主要有以下特点。

第一，该模型是哈罗德-多马模型的延伸，和后者一样，其基本观点是经济增长率决定储蓄率或投资率，而资本-产出比例是固定不变的。第二，该模型把经济增长与收入分配结合起来，说明经济增长过程中收入分配的变化趋势以及收入分配关系对经济增长的影响。第三，该模型认为，在社会分化为两个阶级"资本家和工人"的条件下，经济增长加剧了收入分配比例失调，收入分配比例失调反过来又影响经济增长。要解决这一问题，重要的不是简单地谋求经济快速增长而是消除收入分配比例失调的状况。第四，该模型否定了新古典经济增长模型的思路，即持续稳定增长取决投入要素比例的变化和技术进步，而认为要实现持续稳定增长必须靠国家政策对分配比例失调进行干预。

新剑桥增长模型旨在说明资本主义社会结构的症结在于国民收入分配的失衡，因而解决资本主义社会问题的途径不在于加速经济增长，而是实现收入分配的均等化，这种改良主义的观点和主张，使其被认为是"凯恩斯左派"。新剑桥学派的基本特征是以历史的、收入分配的结构分析为凯恩斯宏观经济分析的理论基础。其分配理论是经济增长理论紧密地结合在一起的动态分析方式，力图以劳动价值论为理论基础，抛弃了新古典学派在分配理论上的辩护性，不回避分配问题上所蕴藏的阶级结构。它无非是用数学语言说出马克思早已道出的一个历史现象，即利润收入者所得恰好是工资收入者所失。

2. 经济增长结构论

经济增长结构论是从经济结构演进、转换的角度来研究经济增长过程的经济增长理论，其重要代表人物及其理论有刘易斯的"二元结构论"，纳克斯的"贫困恶性循环论"，罗丹的"大推进理论"，钱纳里的"发展型式"理论等。

（1）刘易斯的"二元结构论"

美国经济学家威廉·阿瑟·刘易斯（William Arthur Lewis），在经济发展方面做出了开创性研究，深入地研究了发展中国家在发展经济中应特别考虑的问题，获得诺贝尔经济学奖。

W. 刘易斯的"二元结构论"被认为是劳动力剩余的发展中国家经济发展的"普遍真理"，他把发展中国家的社会生产分成两部分：一部分是以现代方法生产的劳动生产率较高的部门（A 部门）；另一部分是以传统方式生产的劳动生产率较低的部门（B 部门）。A部门生产率较高，而在 B 部门中，劳动的边际生产率低，甚至为零或负数。在该部门中，工资不是由工人的边际生产力决定，而取决于劳动者平均分享的劳动产品的产量。B 部门的收入又决定了 A 部门的下限。由于人口众多和劳动资料较少，劳动力相对资本丰富，以致把一部分劳动力转移出产业，产业的产量也不会下降。也就是说，对 A 部门按现行工资所提供的就业机会来说，劳动力供给是无限的。因此，在劳动力无限供给的条件下，A 部门将逐渐扩大，B 部门将逐渐缩小。也就是说，随着劳动力的转移，二元经济结构将消除。这就是著名的刘易斯模型。

刘易斯集中研究了二元经济结构问题，提出了工业化带动论。他认为发展中国家两大部门的主要差异表现在五方面：其一，资本运用完全不同。现代部门使用再生产性资本，而传统部门不使用再生产性资本。其二，生产方式完全不同。现代部门采用机器大工业的生产方式，而传统部门采用手工劳动。其三，生产规模完全不同。现代部门生产规模较大，而传统部门生产规模较小。其四，生产率完全不同。现代部门因为生产规模较大，又使用再生产性资本，遵循规模报酬递增规律，而传统部门因为生产规模较小，又不使用再生产性资本，受土地规模报酬递减规律的约束。其五，收入水平完全不同。现代部门生产率较高，因此收入水平较高，其中产出的一部分可以用于积累和扩大再生产，而传统部门生产率较低，因此收入水平较低，产出仅够维持生存。在刘易斯看来，二元经济发展的核心问题，是传统部门的剩余劳动力向现代工业部门和其他部门转移。现代部门扩张，通过提供就业机会、分享物质设施、传播现代思想和制度、相互贸易等途径，既使传统部门剩余劳动力转移，又使传统部门获益并且得以改造更新而转化为现代部门，也使现代部门促成再生产性资本的进一步增长、生产规模的进一步扩大、生产率和收入水平的进一步提高。以现代部门扩张为主，现代部门和传统部门互联互动并且循环往复，不仅推动和促进了二元经济转变为一元经济，而且推动和促进了不发达经济转变为发达经济。

二元经济结构理论在发展经济学中占有重要的地位，但是这种理论也存在一些缺陷，如它假定工业部门存在着充分就业，B 部门劳动力可以向 A 部门无限转移，但现实中多数发展中国家工业部门也存在大量的公开失业，等等。

（2）纳克斯的"贫困恶性循环论"

美国的经济学家拉格纳·纳克斯（1907—1959），哥伦比亚大学经济学教授。纳克斯强调外部经济的重要性，认为所进行的投资越多，每项投资也就变得更加可行。

拉格纳·纳克斯提出了一个"贫困恶性循环论"。他认为，"穷国之所以穷，就是因为它们穷"。这种同义反复的理论就是所谓"贫困的恶性循环"。当然暗含一系列循环作用的力量，它们趋向以这样一种方式相互作用并反复作用致使一个贫困的国家处于一种贫困状态。这种循环力量的特定事例并不难于想象。比如，一个贫困的人可能没有足够的食物；由于营养不足，他的健康状态可能会比较差；由于体力较差，他的工作能力可能比较低，这意味他是贫穷的，而反过来这又意味他将没有足够的食物；以此类推。适用作为一个整体的国家的这样一种情形可以用如下一个古老的命题来加以概括："一个国家是贫困的，因为他是贫困的。"

这样发展中国家陷入了一种"贫困恶性循环"中。那么怎么样才能摆脱这种恶性循环？这就引出了罗丹的"大推进理论"。

（3）罗丹的"大推进理论"

奥地利经济学家罗丹（1902—1985）认为，发展中国家要想摆脱贫困，实现从不发达到发达的转变，就需要投资发展工业，而投资必须有一个最低的数量，如果低于这个数量，一点一点地投资，就不会取得成功。因此，发展中国家必须做到在一定的数量之上、大规模的投资，通过这种大规模的投资所实现的大推进，经济才会得到发展。

为什么必须有个大推进呢？罗丹认为，只有大推进才能够克服生产函数、投资需求、储蓄供给三者存在的"不可分性"。所谓生产函数中存在的"不可分性"，简单地说就是工业基础设施、社会公共设施部门，如交通、通信、电力等部门必须先于直接生产部门投资，而且这些部门必须配套地进行（不可分），同时，发展这些部门所需要的投资量大、收回投资慢，这些特点都要求有巨额投资，否则经济是不可能发展的；所谓投资需求的"不可分性"指的就是各产业部门应该同时进行投资、平衡发展，不能一个一个部门单独发展；所谓储蓄供给的"不可分性"是指储蓄和收入不能按同一比例增长，只有当收入达到一定程度时才能够出现储蓄。发展中国家收入水平低，有限的收入只能维持基本生活需要，因此利息率的高低对储蓄的影响不大。由于发展中国家储蓄存在缺口，所以无法满足大规模的投资要求。罗丹认为，上述三种"不可分性"给发展中国家经济发展带来了障碍，因此必须采用大推进战略，投资数量要大，时间上要同时进行，实行所谓"一揽子"的投资政策。

那么，怎样实行大推进战略呢？罗丹提出了两个办法：一是要获得资金。为此要增加税收，增加利润提成，实行赤字财政政策，要通过接受国外银行贷款、国外私人直接投资的办法吸取国外资金；二是要制订全面的政府计划，因为巨额的同步投资仅靠市场是不行的，必须借助政府的计划实现各产业部门的均衡发展。

（4）钱纳里的"发展型式"理论

霍利斯·钱纳里（1918—1994，经济学家）对经济科学的贡献是多方面的。最为经济学界熟知的是他提出的"发展型式"理论。在对结构转变和影响结构转变的多种因素的深入而全面的分析基础上，钱纳里揭示了经济发展的"发展型式"和各国经济发展的不同特点。在20世纪80年代，钱纳里等人提出的"发展型式"理论，将研究领域延伸至低收入的发展中国家，认为投资和储蓄只是经济发展的必要条件，而不是充分条件。对发展，重要的是经济转变，因而强调对结构变动的各种制约因素的分析，如收入水平、资源禀赋、人口规模、政府的政策和发展目标、国际资本、国际先进技术、国际贸易环境等，从而揭示了经济发展的"标准型式"和各自的不同特点。

"发展型式"理论在经济学理论中独树一帜，影响很大。其主要论点或核心思想包括：第一，经济结构转变同经济增长之间具有密切的相关关系，这不仅表现为不同的收入水平、经济结构，而且表现为经济结构的转变，特别是非均衡条件下（要素市场分割和调整滞后等）的结构转变，能够加速经济增长；第二，工业化是经济结构转变的重要阶段；第三，工业化（经济结构）的转变取决于两类主要因素的演化，即总需求的水平和要素供给的结构。通过多国模型的综合分析，可以揭示工业化，或者说结构转变的标准型式。这里的主要观点有三个：第一，工业特别是制造业在国民生产总值中所占份额增加的主要原因是中间需求而不是国内最终需求的变动，因而必须对工业化主要源于恩格尔效应的公认观点加以重大的修正；第二，贸易型式的变化，比起国内最终需求的变化来说，对总产业中制造业份额增加的影响也更大；第三，在工业化的不同阶段，影响工业化的各因素的相对重要性有所不同。

3. 经济增长阶段论

经济增长阶段论主要是指华尔特·惠特曼·罗斯托（Walt Whitman Rostow）的经济增长理论。

罗斯托，美国经济史学家、发展经济学先驱之一。罗斯托在学术上最重要的研究成果是提出经济增长阶段的理论。他试图用经济理论解释经济历史的进程，把社会发展分为必须依次经过的六个阶段：

第一，传统社会阶段。这一阶段的基本特征是没有现代科学技术，生产水平低，农业居于首位。

第二，为起飞准备条件阶段。这一阶段的主要特征是农业向工业转移，在这个阶段除了近代科学和它的运用及市场的扩大成为经济增长的推动力外，经济方面要求保证储蓄率和投资率的提高，政治方面要求建立中央集权，社会方面要求建立法制保障私有产权。

第三，起飞阶段。这是建立以产业革命为动力的现代化社会阶段，是经济增长系列中最为关键的阶段，实际上相当于资本主义发展史上的产业革命时期。罗斯托认为要实现一个国家的经济腾飞必须满足三个条件：一是积累率应在10%以上；二是要建立主导产业部门；三是必须建立保证经济起飞的政治制度和推动社会经济增长的经济制度。

第四，成熟阶段。从起飞到成熟阶段需要50~60年的时间。其标志是经济持续增长，科技迅速发展，农业人口减少，经济结构发生重大变化，新产业部门大量发展。

第五，高额群众消费阶段。标志是主导产业部门转移到耐用消费品生产方面上来。

第六，追求生活质量阶段。其标志是主导产业转移到服务业方面上来。人们不再满足于对高档耐用品的追求，而开始追求更高质量的享受水平，如投资教育、卫生保健、城郊现代化建设、文化娱乐、旅游等。目前美国正处于这一阶段。

罗斯托用这种理论代替马克思对人类社会历史发展阶段的划分。他确信他的理论解释了西方各国已经历过的工业化过程，提示了一个国家在经济成长过程中所要遇到的一系列战略抉择问题。在罗斯托看来，发达国家和发展中国家不可避免地会在相同的阶段中出现一些共同的趋势和特征。"工业发达国家向不发达国家所显示的，只是后者未来的景象。"

4. 经济增长因素论

经济增长因素论是通过分析影响经济增长的要素来研究经济增长的理论，主要代表人物是美国的丹尼森和库兹涅茨。

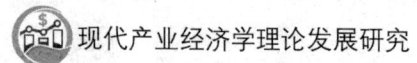

（1）丹尼森的经济增长因素论

丹尼森，美国经济学家。丹尼森把经济增长因素分为两大类：生产要素投入量和生产要素生产率。并进一步地把经济增长的因素归结为以下八方面：第一是所使用的劳动者的数量及其构成；第二是工作小时；第三是所使用的劳动者的教育程度；第四是资本存量的规模；第五是知识的状态；第六是分配到无效使用中的劳动的比重；第七是市场规模；第八是短期需求压力的格局和强度。

（2）库兹涅茨的经济增长因素论

西蒙·史密斯·库兹涅茨（1901—1985），俄裔美国著名经济学家，1971年诺贝尔经济学奖获得者。他在经济周期研究中所提出的为期20年的经济周期，被西方经济学界称为"库兹涅茨周期"。

库兹涅茨认为经济增长的主要因素是知识存量的增长、劳动生产率的提高、经济结构方面的变化。

知识存量的增长。库兹涅茨认为现代经济增长的重要因素之一是知识存量的增长。但知识本身不是直接生产力，由知识转化为现实生产力要通过科学发现、发明、革新、改良等转化过程。

生产率的提高。现代经济增长的第二个重要因素是生产率的提高，通过对劳动投入和资本投入对经济增长贡献的长期分析，库兹涅茨认为，以人均产值高增长率为特征的现代经济增长的主要贡献因素是劳动生产率的提高，亦即单位投入产出的高增长率。

经济结构的变化。现代经济增长的第三个重要因素是经济结构的变化。库兹涅茨对57个国家的农业、工业和服务业三个主要部门在总产值中所占份额所进行的分析表明，不同产业部门的产值份额随人均国民生产总值的增加呈现规律性的变化。其中，农业的份额与人均平均产值成反比关系，农业在整个产值中所占的比重逐渐降低；第二、三产业在总产值中的比重逐渐增加，与人口平均产值成正比关系。因此，库兹涅茨认为，发达国家在现代经济增长时期的总体增长率和经济结构变换率都比它们在现代化以前要高得多。相反，不发达国家经济结构变动缓慢，结构因素对经济增长的影响比较小，表现在：不发达国家传统经济结构束缚着60%以上的劳动力，并集中在农业部门，传统的生产技术和生产组织方式阻碍着经济增长，制造业结构不能满足现代经济增长对它提出的要求；需求结构变换缓慢；消费水平低，不能形成对经济增长强有力的刺激；不发达国家的政治结构也不适应现代经济增长的要求。

第二节　产业发展的生命周期

产业与企业及产品一样有一个生命周期，但产业发展的生命周期又与企业、产品的生命周期有所不同。

一、产业生命周期的含义

作为生物学概念，生命周期是指具有生命现象的有机体从出生、成长到成熟衰老直至死亡的整个过程。这一概念引入到经济学、管理学理论中首先应用产品，以后又扩展到企业和产业。一种产品在市场上的销售情况和获利能力会随着时间的推移而发生变化，这种变化和生物的生命历程一样，也经历了投入、成长、成熟和衰亡的过程，产业生命周期就是反映某特定市场对某特定产品的需求随时间变化的规律，产业作为生产同类产品企业的组合，从产生到成长再到衰落的发展过程就是产业生命周期的发展过程。

只要存在社会分工，只要是社会化大生产，就会存在由多种不同的产业构成的产业总体。如果产业总体也有生命周期，也会走向消亡，则意味着国民经济也会消亡，人类社会也就不存在了。因为从总体上来讲，产业将永远存在，产业总体也就不存在由产生直至消亡的生命周期。产业总体的发展过程是不断由不完善、不成熟的低水平向更完善、更成熟的高水平演进的过程，只要人类社会存在，这个过程就是无止境的，这是产业总体发展的一条最基本的规律。

但是，大多数单个具体的产业都会存在由产生直至衰亡的生命周期。这是因为，单个具体产业是生产同类产品的企业的集合，某种具体的产品大多数都存在生命周期，当某种产品走向消亡的时候生产这种产品的企业要么衰亡，要么通过转产变成其他产业的企业，与此同时，由生产消亡产品的企业集合而成的产业也会走向衰亡。因此可以说，产品的生命周期也就是产业的生命周期。

根据市场学的研究，产品的生命周期"是指产品从最初投入市场到最终退出市场的全过程"。产品的生命周期不是某个产品从生产、使用到消耗或者报废的使用寿命或自然寿命，而是某类产品在市场上的生命周期。因此，产品生命周期更准确地说应是产品的市场生命周期。某种产品在市场上的销售额和利润量的变化反映产品市场生命周期的具体演变过程，一般会依次经过开发期、进入期、成长期、成熟期、衰退期五个发展阶段。

第二阶段是开发期的产品投放的时期（进入期）。在一开始，由于产品的成本和价格较高，人们对产品也不够了解，产业销售渠道也不多、不畅，因此产品的销售额很低，也不可能产生利润，产业只是初步形成。第三阶段是成长期。在这一阶段，产品市场逐步打开，销售额不断增加，开始有了利润并会随销售额的增加而增加，产业开始发展壮大。第四阶段是成熟期。这一时期的产品成本和价格开始下降，规模经济开始形成，产品逐渐被人们所熟悉和广泛接受，销售渠道增多、畅通，销售额大幅度增加，逐步达到顶峰，利润也逐步达到最大化，产业也随之步入衰退。

从长期来看，大多数产品都会有市场生命周期，但也有少部分产品的生命周期并不明显，如大米、面粉、食盐等产品就看不出 S 形曲线的变化。不同产品的市场生命周期的时间长短和周期性特征也不完全相同。有的产品，如流行服装、时髦商品的市场生命周期短，而有的产品，如日用品的市场生命周期时间长。有的产品如照相机、电话机的投入期、成长期很长，而有的产品如电子计算机的投入期、成长期都非常短。产品市场生命周期产生的原因，主要是科学技术的进步和消费结构的变化。科学技术进步能够开发出许多功能更全、性能更好、质量更高、价格更便宜的新产品，消费结构则会使某些市场需求减少以至消失，使某些市场需求增加，使新的需求产生，这些都会引起产品的更新换代，导致老产品不断被淘汰、新产品不断取而代之的趋势，从而形成产品的市场生命周期。

二、产业生命周期与产品生命周期的差异

既然某一产业是以其具有代表性的产品为基础的，就可以借用产品生命周期五个阶段的划分方法，把一个产业的生命周期也划分为四个阶段，即进入期、成长期、成熟期和衰退期。但是，由于一个产业的产出往往由多种相似的产品所组成，很难用某一产品的生命周期来代表整个产业的生命周期，这就造成了两者之间的差异。这些差异主要表现在以下几方面：

第一，产业生命周期曲线的形状相比于产品的生命周期更为平缓和漫长。一个产业往往集中了众多相似的产品，因此，从某种意义上来说，该产业的生命周期是所有这些众多相似产品各生命周期的叠加，所以反映产业生命周期的曲线比单个产品生命周期的曲线显得更加平缓，长度更长。

第二，不是所有的产业都有生命周期。不仅产业总体没有生命周期，大多数大类产业，如工业、农业、服务业及其二级层次的种植业，轻工业、旅游业等也不存在生命周期。更进一步讲，单个具体产业也不一定都存在生命周期，即不一定每种产业都会走向衰亡。例如，涉及居民生活必需品的产业，如理发业、清洁水供应业等一般都会持续存在，不会有生命周期。

第三，产业的生命周期具有明显的"衰而不亡"的特征。一个产业进入衰退期，意味该产业在整个产业系统中的比重将不断下降。但世界各国产业结构演进的历史都表明，随

着新兴产业的不断形成和发展，进入衰退期的许多传统产业，虽然在国民经济中所占的比重将不断下降，但对这些产业产品的需求不会完全消失，因而这些产业的比重也不会下降到零，具有明显的"衰而不亡"的特征。真正完全"消失"或"死亡"的产业并不多见。

第四，产业生命周期曲线往往会产生突变，通过"起死回生"，进入下一个发展周期。有些产业虽已进入了衰退期，但由于科学技术进步和消费结构的改变，有些进入衰退期的产业可能用高新技术进行改造和武装，降低成本，提高质量，改进性能，增加花色品种，重新焕发"青春"，增强生命力，再次显示产业成长期甚至成熟期的特征。因此，有的经济学家认为，只有"夕阳技术"，没有"夕阳产业"。

第五，产业生命周期存在不断缩短的趋势。随着科技改革的迅猛发展，人类社会向知识经济时代迈进，知识更新速度加快，技术开发周期短，产品升级换代步伐加速，使产业会很快由成熟期进入衰退期，有的产品的市场生命周期只有几年甚至只有几个月，因而产业生命周期大大地缩短。

三、产业生命周期的变化

划分产业生命周期的不同阶段，主要是按照该企业在全部产业中所占比重的大小及其增长速度的变化而进行的。在产业的进入阶段，由于不同产业代表产品的市场需求状况的不同或其他原因，有的产业发展较快（图形上表现为斜率变化大、曲线上升很快），有的却发展得十分缓慢（图形上表现为斜率变化不大，曲线上升平缓）。因此，该阶段的产业生命周期曲线对不同的产业而言会呈现不同的形状。但总的来说，处于这一时期的产业在整个产业中所占的比重还很小。当某产业的产出在整个产业系统中的比重迅速增加，并且该产业在促使产业结构变动中的作用也日益扩大时，就可以认为该产业已度过了进入期，开始进入成长阶段。处于成长期阶段的产业的一个主要特征是，该产业的发展速度大大地超过了整个产业系统的平均发展速度，并且其技术进步迅猛而且日趋成熟，市场需求量也迅速扩张，在生命周期曲线上表现为斜率较大、上升较快。经过成长期的迅速增长阶段后，由于其产出的市场容量已渐趋饱和与稳定，该产业对产业结构变动所起的作用也基本上得到了发挥，其发展速度必将放慢。这就标志该产业从成长期步入了成熟期，这时的生命周期曲线表现为斜率很小、变化平缓。该产业在这一时期里，在整个产业中所占的比重与其他阶段相比较是最大的。当技术进步后，市场上出现了在经济上可替代此产品的新产业时，该产业占整个产业的比重就会下降，发展速度开始变为负数，亦即该产业已进入衰退期，所对应的生命周期曲线具有不断下降的趋势，其斜率一般也为负数。

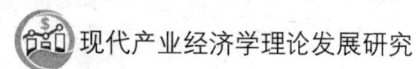

第三节 产业发展战略

产业发展战略既是产业发展的总体谋划和大政方针，也是政府促进产业发展的关键性措施，产业发展战略的研究还是产业发展研究的重要组成部分。

一、产业发展战略概述

（一）产业发展战略的含义

产业发展战略是指根据对制约产业发展的各种主客观因素和条件的估量，从全局出发制定的一个较长时间内产业发展所要达的目标，及实现目标的途径和方法。产业发展战略具有全局性、决定性、长期性和阶段性的基本特征。

（二）产业发展战略的内容

产业发展战略的基本内容包括战略目标、战略方针、战略措施、战略重点、战略步骤等。

战略目标是一个较长时期内产业结构、产业布局、产业组织、产业发展的速度和规模所要实现到的总目标和阶段目标；战略方针是产业发展的基本指导原则，如出口导向、进口替代、重工业优先、各产业均衡发展等；战略措施是实现战略目标所采取的各种对策、方法，包括产业调整、产业选择、产业转移、产业限制、产业扶植、具体产业政策等；战略重点是重点发展的产业；战略步骤是分阶段逐步实现战略目标的程序安排。

产业发展战略实际上是要解决两大问题：一是产业发展要实现什么目标；二是怎样实现产业发展的目标。因此，产业发展战略的五个基本内容，又可以归纳为两方面：战略目标是解决第一个问题；战略方针、战略措施、战略重点和战略步骤都是解决第二个问题，可以统称为战略实现手段。战略目标是产业发展战略的核心，决定战略方针、措施、重点和步骤；战略实现手段又是实现战略目标的保证。战略方针正确与否，战略措施有效与否，战略重点恰当与否，战略步骤合理与否，直接制约战略目标的实现及实现时间的快慢。

二、产业发展战略的主要模式

产业发展战略模式主要体现在以下几方面：

（一）轻工业优先发展战略

轻工业优先发展战略是指以实现工业化为战略目标、发展轻工业为战略重点的产业发展战略。绝大多数发达国家及新兴工业化国家和地区在工业化过程的初级阶段普遍实行了该种产业发展战略，并且实施的效果相当成功。因此，该战略特别适合处于工业化初期的发展中国家。在工业化初期，经济发展水平低，人们的基本生活需要不能得到满足，迫切需要增加生活消费品的生产。在该阶段，由于缺乏资本、技术落后，发展重工业是有相当困难的。但轻工业作为主要生产生活消费品的产业，一般来说多属于投资少、生产周期短、资本周转快、利润率高的劳动密集型产业，因此以优先发展轻工业作为战略重点，能够扬长避短、扩大就业、加快经济发展、改善人民的生活、积累资本、推动技术进步，为重工业的发展创造市场需求和有利条件。

虽然轻工业优先发展战略能够一举多得，但是如果过长时间地实行这种战略，将难以实现发达的工业化，如果不适时进行战略重点转移、加快发展重工业，就会限制轻工业的发展，无法实现产业结构的优化升级。假若本国发展轻工业所需的机器设备和原材料主要依靠进口，则难以摆脱对外依赖性，不能形成独立完整的工业体系和国民经济体系。因此，只有在工业化初期，或者在前一段时期由于片面发展重工业导致轻工业严重落后的情况下，一国或地区才适合在一定时期内实施轻工业优先发展战略。

（二）重工业优先发展战略

重工业优先发展战略是指以实现发达工业化为战略目标、发展重工业为战略重点的产业发展战略。这是绝大多数发达国家在向发达工业化过渡时期和实行传统计划经济的国家实施过的产业发展战略，并在大多数发达国家取得了相当大的成功。重工业是生产生产资料的工业，是社会扩大再生产和产业技术改造和进步的物质基础，在工业化中、后期的国民经济发展中起主导作用，对推动各个产业部门的发展、建立独立完整的工业体系和国民经济体系、增强国家的综合实力、发展科学技术研究事业和巩固国防等都具有重大的意义。重工业属于资本密集型产业，技术要求也比轻工业高得多。发达国家在轻工业有了巨大发展后积累了大量的资本，技术也有了较大的发展，对生产资料的需要也大幅度快速增长，为重工业发展创造了极为有利的条件。绝大多数发达国家正利用了这些有利条件，实行由轻工业优先发展战略向重工业优先发展战略的转移，成功实现了发达工业化。

但是，重工业优先发展战略在传统的计划经济国家的实施不是十分成功。这些国家在实施重工业优先发展战略的时候，轻工业一般还没有得到相应的发展，资本缺乏，技术落后，经济发展水平低，不具备发展重工业的必要条件。然而由于政治、外交，军事上的要求和急于求成，盲目冒进的心态等种种因素的影响，这些国家往往片面强调发展重工业，在工业化初期就开始实施重工业优先发展战略，虽然重工业确实有了相当大的发展，也基本上建立了比较完整的工业体系，却忽视甚至牺牲了农业和轻工业的发展，最终形成了"重工业太重，轻工业太轻、农业落后"的畸形产业结构，经济效益十分低下，发达工业化的目标也难以实现。由此可见，重工业优先发展战略虽然是实现发达工业化的必由之路，但是必须建立在轻工业有了相当发展、重工业与轻工业和农业协调发展的前提下，才能够奏效。

（三）产业平衡发展战略

产业平衡发展战略是指在整个国民经济的各产业部门、各地区同时进行大规模的投资，从而实现产业总体和国民经济全面、协调、快速发展的产业发展战略。这种战略强调大规模的投资和各产业部门、各地区的协调发展，因此，其优点也是显而易见的。实行产业平衡发展战略能够更好地发挥各产业之间相互关联、带动、补充的作用，实现经济的多元化，分散经济风险，避免瓶颈产业、短线产业的制约，减少对少数产业的过分依赖，保持产业总体的高速协调发展和经济的稳定增长。产业的平衡发展又能够进一步促进产业空间布局的合理化，缩小地区差别，实现各地区经济的协调发展。

这种战略虽然理想，但也存在很大的局限性。只有在资源相当丰富、资本十分充足的条件下，才能有效地实施该战略。发展中国家资本短缺、外汇不足、人才缺乏，如果实施平衡发展战略，所有产业都齐头并进，分散用力，一般来讲是很难成功的，最后往往一事无成。因此，产业平衡发展战略并不适合发展中国家。

（四）产业不平衡发展战略

产业不平衡发展战略是指在部分产业和地区重点投资、优先发展，再带动产业总体和整个国民经济发展的产业发展战略。轻工业优先发展战略和重工业优先发展战略都属于这种类型。平衡是相对的，不平衡是绝对的，任何事物的发展都会有先有后，波浪式前进。因此，产业不平衡发展战略实际上是一种更为可行的产业发展战略，绝大多数国家在绝大多数时候都选择实施这种发展战略。

正确有效地实施产业不平衡发展战略，必须恰当选择重点优先发展的产业和地区，一般是先导产业、主导产业、新兴产业、瓶颈产业、短线产业等关联、引导作用大的产业和对产业发展更具有优势、对全局发展影响更大的地区，必须随着情况的变化，及时转移战略重点，不能片面强调某些产业的发展，而忽视其他产业的发展，否则会形成畸形的产业结构、严重的比例失调、不合理的产业布局，从而不利于产业的协调发展。

（五）初级产业出口战略

初级产品出口战略是指以农矿产品的生产和出口为主体的外向型产业发展战略。这种战略的特点是利用本国丰富的自然资源和有利的条件，发展农产品、矿产原料等初级产品生产和出口，积累资金和外汇，为工业化创造条件，以带动整个国民经济的发展。这种战略往往是一些由于长期殖民统治造成经济畸形化的发展中国家在一定时期内唯一可以选择的战略。这些国家只有通过发展初级产品的生产和出口，才能换取自己引进国外先进技术所需要的外汇。另外，一些由于自然资源和条件的限制及许多长期形成的经济、技术、社会等因素的制约，很难在短期内改变落后的经济结构的发展中国家，也不得不采取这种战略。还有一些希望利用自己的传统经济优势，发展拥有一定比较优势的农矿产品的生产和出口，以增加外汇收入，为本国经济发展积累资金的国家，在一定时期内也会实施初级产品出口的产业发展战略。

发展初级产品出口战略，虽然对部分国家增加外汇收入和发展民族经济能起一定的推动作用，但是仍然存在诸多缺陷。由于初级产品出口严重依赖国际市场，供求和价格被国际市场左右并且受制于发达国家，因此存在产品的不等价交换。在国际市场起伏波动较大、竞争日趋激烈的外部环境下，科学技术进步会促使许多替代品出现，对农矿产品的消耗减少。这些都会使农矿产品的贸易条件恶化，初级产品价格呈现下降的趋势，导致出口收益有限且不稳定，甚至有的初级产品出口越多，经济损失越大，形成恶性循环。为改变这种不利状况，发展中国家曾经采取过一些应对对策，如建立原料矿产出口国组织以协调生产和供给，维持和提高产品价格等，试图改变不平等的国际经济旧秩序，保护本国利益。但是，除了石油输出国组织取得了一定的成效之外，其他国家均收效甚微。实践证明，若发展中国家长期实行初级产品出口战略，则无法摆脱对发达国家的依赖，在国际分工中会永远处于不利地位，不可能真正实现工业化和现代化。

（六）进口替代战略

进口替代战略既是一种内向型的发展战略，也是发展中国家工业化初期的必由之路，其核心是通过保护政策，发展满足本国市场所需要的制造业，以本国生产的工业制成品代替原来需要进口的工业制成品。这种战略的特点是以实行工业化为主要战略目标，以发展本国制造业为主要战略方针，以实行贸易保护政策、抵制国外制成品的进口和竞争、保护国内市场和民族工业为主要战略措施。替代进口的产业的发展，一般存在两个阶段或两个发展程度不同的层次：一是消费品制造业，二是资本品制造业。后者的发展难度更大、要求更高，只有在本国经济技术已经有了相当发展的情况下，才有条件发展资本品的进口替代产业。发展中国家由于制造业落后，许多工业制成品依赖进口，加上初级产品与制成品之间的不平等贸易，造成了对外贸易逆差，严重影响经济的发展。部分发展中国家因此采取进口替代战略，希望建立和发展本国的制造业，用自己的制成品取代进口的制成品，使国际收支得到平衡，从而发展本国工业，逐步实现工业化。

进口替代战略是一种既有利又有弊的战略。这种战略通过降低制成品进口率，以减少对发达国家和世界市场的依赖性，有助于改造原来以农为主的产业结构，扩大就业，提高技术水平，增强经济自给能力，对发展中国家建立一定的工业基础和促进经济的增长能起到良好的作用。但是，这种战略也存在明显的弊端。首先，贸易保护政策如作茧自缚，会使本国企业脱离国际竞争，不利于降低生产成本、提高产品质量和劳动生产率、增强国际竞争能力。其次，发展本国工业仍须从国外引进先进技术和设备，会造成对发达国家新的依赖和外汇短缺。最后，重视制造业，忽视其他产业的发展，会使国民经济各部门的比例关系严重失调，导致产业结构不合理。

（七）出口导向战略

出口导向战略是一种外向型经济发展战略，它以比较利益为原则，充分发挥本国自然条件和劳动力廉价的优势，利用发达国家的资金和技术，以国际市场为导向，大力发展出口工业，以工业制成品代替农矿初级产品出口，争取在更大范围和更深程度上参与国际分工和国际竞争，推动产业结构的升级和优化，加速工业化的实现。

部分发展中国家实施出口导向战略开始于20世纪60年代。当时，初级产品出口和进口替代战略的缺陷日益显现，这些国家需要寻求新的发展途径。与此同时，本国已经有了一定的工业基础和一批熟练工人和技术管理人员，政府管理经济的水平有了一定程度的提高，国际经济联系进一步加强。发达国家经济繁荣、生活水平提高，一方面扩大了对工业消费品的需求；另一方面又由于工资成本提高、资本大量过剩，产业开始实行国际转移。正是在这种背景和条件之下，部分国家和地区开始实施出口导向战略，利用劳动力资源丰富廉价的优势，大量引进外国资本和技术，努力发展面向出口的劳动密集型产业，生产成本低、有竞争能力的轻纺业产品，打入国际市场，赚取外汇，从而推动整个国民经济发展。少数发展中国家和地区实施出口导向战略获得了成功，发展成为新兴工业化国家和地区。20世纪70年代中期到80年代，欧美发达国家经济增长速度缓慢，贸易保护主义抬头，再加上出口导向战略的成效比较明显，相当多的发展中国家也开始先后采取这种战略，使得新兴工业化国家和地区又开始"第二次工业化"，即发展重点从劳动密集型产业进一步过渡到资本和技术密集型产业，向更高级的出口加工产业转向，实施新型的出口导向战略。

出口导向战略能够充分利用国际分工和国际产业转移的机遇，发挥资源的比较优势，扩大就业，增加出口和外汇收入，提高科学技术和经济管理水平，实现经济较快增长，加速工业化的进程。但是，这种战略也面临一些难以解决的问题。例如，发达国家贸易保护主义的打击，外债还本付息的负担越来越沉重，产品出口严重依赖风云变幻的世界市场，经济发展在很大程度上取决国际市场对出口制成品的需求，缺乏稳定性等。因此，单纯的出口导向战略，实际上不适合发展中大国。

（八）进口替代与出口导向相结合战略

进口替代与出口导向相结合战略是指进口替代产业与出口导向产业结合并重、协调发展的进出口相结合型产业发展战略。进口替代战略和出口导向战略各有利弊，如果把进口替代与出口导向恰当结合，则可以扬长避短、优势互补。在发展进口替代产业，更好地满足国内需求的基础上，实行对外开放，鼓励出口，发展出口导向产业，带动国民经济更快增长，这样既能够加强本国独立自主的产业基础，防止对外的过分依赖，保持本国经济的协调稳定，又能够充分利用国际分工、市场、贸易、资源、投资、技术等的作用，发挥比较优势，获取比较利益，提高经济效益。

这种战略发达国家可以实施，发展中国家同样也可以采取，尤其是发展中的大国。发展中大国幅员辽阔，人口众多，国内市场容量很大，自然资源比较丰富，产业门类比较齐全，更有利于同时发展进口替代产业与出口导向产业。值得注意的是，真正把进口替代与出口导向恰当地结合起来并不是一件容易的事，需要在实践中不断探索。在使用这种产业发展战略时，应特别注意有效地扩大内需，提高本国产业的国际竞争能力，适度利用外资，防范国际国内金融风险。

三、产业的可持续发展

（一）产业可持续发展的内涵

产业的可持续发展是指产业的总体状况与人口、资源、环境相互协调，并且能够长期持续不断地发展。

可持续发展是在人类社会面临人口爆炸、能源危机、资源短缺、环境污染、生态失衡的严峻挑战，"先污染、后治理，有增长、无发展"的传统经济发展模式已经不能再继续，在20世纪80年代由联合国提倡的一种社会经济发展的新模式。1980年3月5日，联合国大会向全世界发出呼吁："必须研究自然的、社会的、生态的、经济的以及利用自然资源过程中的基本关系，确保全球的发展。"可持续发展就是经济、社会发展与人口、资源、环境互相协调的兼顾当代人和子孙后代利益的，能够不断持续下去的发展。

（二）产业可持续发展的原则

产业的可持续发展必须坚持以下原则：

第一，产业发展必须与资源和环境的承载能力相协调。要大力发展保护环境的技术和产业、节能降耗的技术和产业，促进新材料、新能源产业的发展，治理和防止环境污染，减少废物排放，加强废物利用，实现清洁生产，改善生态环境，增强产业和经济发展的资源基础，提高环境和资源的承载能力。

第二，产业发展必须保持合理的结构比例。要根据产业发展的状况和消费结构的变化，及时进行产业结构调整，促进产业结构的合理化、高级化，防止产业比例失调、结构失衡，避免积压和短缺，实现产业资源的优化配置，从而更好地满足需求，提高生活质量。

第三，产业发展必须依靠科学技术。要积极发展科学技术，努力发展高新技术产业，用高新技术产业改造提升传统产业，增强产业的技术基础，不断推进产业结构的高级化，提高资源的使用效果，实现产业的高效发展。

第四，产业发展必须有合理的产业布局。要更好地发挥各地区的比较优势，充分利用各地区包括人力资源在内的各种资源，实现地区间产业和经济的协调发展。

产业发展如果充分利用了人力资源，满足了人的生活需要，也就实现了产业发展与人口的协调；产业发展如果保护和改善了环境，也就实现了产业发展与环境的协调；产业发展如果节约、高效利用资源，并且开发了更丰富、更清洁的资源，也就实现了产业发展与资源的协调。实现产业与人口、环境、资源的协调，保持产业的协调、稳定、高效发展，产业总体也就能可持续发展。

第五章　产业组织理论

第一节　集中与集中度

一、集中概述

（一）集中与集中度

1. 集中

集中是指在社会经济中企业规模扩大的过程。它表现为全部企业中仅占很小比例的企业或数量很少的企业，积聚或支配着占很大比例的生产要素。

集中是伴随工业化过程的一种突出现象和必然趋势。对于经济发展中的集中现象，各国的经济学家们从不同的角度对它进行了研究。从产业组织的角度，集中是分析市场的常用指标。按照传统产业组织的结构–行为–绩效（SCP）的分析框架，集中是影响市场中的企业行为，进而影响市场绩效的重要因素。后来芝加哥学派、新奥地利学派虽然对 SCP 框架提出挑战，但也不否认集中作为分析市场垄断、竞争性的主要方法的重要地位。正如美国学者克拉克森所说：在描述我们经济中一个或数个部门的竞争程度时，集中这一术语或概念看来是最重要的工具之一。

2. 一般集中与产业集中

产业组织学所探讨的集中有一般集中和产业集中之分。这两个概念分别考查不同市场范围的集中现象。如果考查的范围是整个国民经济，那么得出的结果是一般集中。它涵盖了从自然界取得物质资源和对原材料进行加工的各个社会物质生产部门和产业，是对各不同产业生产能力分布状况的一种综合反映。而产业集中则以某个较为具体的产业为考查对象，它反映产业内经济资源在不同企业间分布的均衡程度。

一般集中反映的是工业的整体集中程度，而工业内各行业的企业间并不存在直接的竞争关系，因此，一般集中与某个具体市场上企业间的竞争程度没有必然的联系。它的理论和实践意义在于：可以作为对产业组织结构基本状况的描述，同时由于它是伴随工业化进程而发展变化的，因而对它的动态和静态考查，可以反映出一国工业化的发展过程和工业化水平的高低。相对而言，产业集中与产业内企业的市场竞争状况有较为密切的关系。产业集中程度越高，说明资源越集中于少数几家大型企业，这几家大型企业的市场支配力，特别是价格支配力可能也就越强。当然这种联系并不总是存在的，它的存在还需要满足供给弹性等其他市场特性方面的要求。

值得注意的是，虽然一般集中可以看作对各产业集中的综合，各产业集中的变化也通常会引起一般集中的变化，但不能由此而认为一般集中是产业集中的简单累加，或者得出二者必然呈同方向变化的结论。其原因在于，各产业在整个工业中的权重是不同的，而且这种权重也在不断地变化。如果权重大的产业集中程度上升，那么即使权重较小的产业集中程度有所下降，也不会影响整个产业集中程度的上升。一般集中的变化会与某产业集中的变化不同步，甚至呈反向趋势，二者没有必然的正向相关性。

3. 集中度

集中度即集中的程度，一般用市场中较大企业所占有市场份额的大小来表示。集中度总是针对特定范围或市场而言的。从它所反映的市场范围的不同，可以分为一般集中度和产业集中度。前者是指整个国民经济的集中程度，后者是指某个具体产业的集中程度。

从另一个角度来看，市场主要分为买方和卖方，因此集中度又可分为买方集中度和卖方集中度。买方集中度是指买方在特定产业市场中所占的份额，它反映该产业市场上买方的结构和集中状况；卖方集中度是指卖方企业在特定产业或市场上所占市场份额的大小，它反映该产业市场上的规模结构及产业内生产集中状况。但是在现实的经济社会中，除了资本品及中间原料产品市场上买卖双方可能都是生产企业外，一般商品市场上大多卖方是企业，而买方是消费者。由于消费者人数众多，不易统计，而且不同消费者间的购买规模差异较小，因此在讨论集中度时，多以对卖方集中度的讨论为主。

（二）集中的影响因素

1. 基本影响因素

决定特定产业市场集中的最基本因素是该产业的规模经济性和市场总规模。

（1）规模经济性

规模经济性是指由企业生产经营规模的扩大而带来的单位产品成本（长期平均成本）降低的经济性。企业在竞争的压力下，总是力求尽可能地降低本企业产品的成本，以取得竞争中的优势地位，因此规模经济性的存在必然驱使企业不断地扩大规模。在不考虑产业

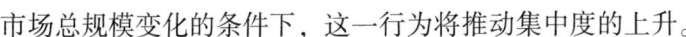

市场总规模变化的条件下，这一行为将推动集中度的上升。

不同产业的规模经济性的显著程度是不同的。在有些产业中，规模经济性极为显著，表现为以最佳规模进行生产的企业与以小于最佳规模的规模进行生产的企业相比，其单位产品长期平均成本的差别非常显著。显著的规模经济性给行业内的企业以强烈的规模扩张冲动，结果造成这类行业的集中度较高。

（2）市场总规模

集中与集中度是一个相对的概念，其既取决于少数大企业的绝对规模，同时取决于市场的总规模。市场总规模对集中的影响表现在静态和动态两方面。

从静态来看，市场总规模越小，其市场集中度较高的可能性就越大，因为少数企业扩大自身规模的行为会导致集中度上升得更快。相反，如果市场总规模较大，则少数企业的规模扩张对集中度的影响较小，市场集中度难以迅速上升。

从动态来看，市场总规模扩大的速度会影响到市场集中度。如果市场总规模扩大的速度大于企业扩张的速度，则市场集中度会趋于下降；如果少数大企业规模比市场总规模更快地增长，那么市场集中度将会有所上升。在快速成长的市场中，由于需求迅速扩张，而企业难以在短时间内以相同的比例扩大规模，就会出现供不应求和价格上涨的状况，从而吸引大量新企业进入，导致市场集中度下降。

2. 其他影响因素

（1）大企业优势

大企业优势是促使企业不断扩大规模的另一诱因。马克思在《资本论》中曾提出，技术的改变导致大规模生产，并将淘汰小规模、高成本的中小企业，而增强大企业的控制力量。也就是说，大企业在资金、技术等方面实力雄厚，使它在竞争中具有优势。以大银行、大证券公司为主体的金融机构大多愿意支持大企业，因为大企业资信程度高，贷款和投资的风险较低，收益较高。

大企业的优势还来源于组合效应：大企业可以把多个生产和交换环节内部化，从而节省交易费用；大企业可以通过多元化经营合理组合生产要素，优化资本结构，降低和分散经营风险；大企业还可以通过成本和利润的内部调整节省开支，合理避税，这是跨国经营的大公司常用的方法。

由于大企业优势的存在，企业往往急于采取合并、收购等方式扩大规模，这会使市场集中度迅速提高。

（2）进入壁垒

行业市场进入壁垒各有高低。进入壁垒较低的市场，新企业的进入比较容易，使集中度下降；相反，如果市场具有较高的进入壁垒，则企业在进入壁垒的保护下有可能实现稳定的增长，并促使市场集中度趋于上升。因此，高进入壁垒往往成为行业维持较高集中度的原因。

（3）产品差别化

产品差别化对集中的影响是两方面的。一方面，企业推进产品差别化策略，如改进质量、提高技术、改变外包装、大量做广告等，其结果是企业最大限度地占领各个可能市场，从而有利于企业规模的扩张和市场份额的提高；另一方面，产品差别化程度越高，市场划分越细，可供消费者选择的替代品越多，从而小企业和新企业获得一定生存与发展空间的可能性就越大，这在一定程度上制约了市场集中度的上升。

（4）政府的政策和法规

高度集中往往导致垄断。垄断扼杀了竞争的活力，导致较低的资源利用效率。为了防止垄断、维护公平竞争，许多国家制定了反垄断法和公平交易法，对过度集中加以限制，同时以中小企业法扶持中小企业的成长，这些法律措施限制了市场集中度的上升。

但是，在特定的国际和国内经济形势下，一些政府经济政策往往又是有利于市场集中的。例如，许多国家为增强本国企业的国际竞争力，采取一定措施鼓励企业间的合并与扩张，对大企业给予优惠、扶持。又如，我国为推进资产重组、优化资源配置而颁布的鼓励企业集团发展的有关法规，起到了促使生产趋于集中的效果。

二、集中与市场外部经济性

（一）集中与市场结构

市场结构是指市场主体的构成、市场主体间的相互作用以及规模比例关系。任何市场都是由买方和卖方所构成的，因此市场特性也可分别由买方和卖方表现出来，而其人数或企业数的多寡就是构成市场结构的最基本因素。此外，个别买者或卖者在整体买方或卖方的相对地位，除了说明市场内买卖双方的竞争态势外，更可显示卖者（或买者）间相互影响的程度。因此，市场集中是市场结构的基本影响因素，同时，衡量市场集中度的各种指标结合了企业数量及其相对地位（规模）这两个基本因子，成为描述市场结构最主要的方法。

一般说来，产业内企业数量越少，少数企业的规模越大，在市场上销售产品的数量越多，市场占有率越高，企业对市场价格的影响作用就越大，企业就越容易形成对市场价格的影响；企业规模小且数量多，企业之间的竞争就较为激烈。传统的产业组织理论正是依据这一逻辑将市场结构划分为独占型、寡占型、垄断竞争型及竞争型等基本类型。若将买卖双方的集中度细分再分别组合，则形成更多的市场结构类型。

但是，芝加哥学派产业组织理论研究者强调指出，市场集中（度）作为决定市场特性（结构）因素之一的作用被夸大了，实际上它只是决定市场结构的必要条件，而非充分条件。克拉克森认为，一个竞争性产业应具有如下特征：

①没有一家厂商具备控制市场供给的条件，更确切地说，每家厂商都是价格的接受者。

②在长期内，不存在经济利润。生产达到长期均衡状态时，边际成本等于价格，并等于平均成本的最低点。

③生产同质产品的厂商数目很多，没有进入壁垒。

也就是说，不同集中度的市场并不一一对应着不同竞争程度的各种市场结构，它必须与其他条件相结合才能构成这种一一对应关系。其他的因素通常包括进入和退出壁垒、产品差异、市场需求量的增长以及规模经济性等。

（二）集中与企业行为

企业行为是指企业有目的的生产经营活动，通常包括企业的价格行为（定价）、产品行为（新产品开发、质量等）、销售行为（产品销售、售后服务等）、投资行为及组织调整行为（兼并、集团化等）。

传统的结构-行为-绩效框架的产业组织理论认为，市场集中程度作为决定市场结构的一个重要因素，对企业行为有很大的影响。

一般而言，市场集中度越高，少数大企业占据的市场份额越高，大企业对市场的控制力也就越强。由于缺乏竞争者，大企业对产品质量、销售服务、技术、新产品开发的关注程度不如竞争型市场上的企业那么高。

相反，市场集中度越低，由于市场上存在足够多的竞争者，企业成为价格接受者，产业价格水平趋于下降并接近产品的边际成本，企业之间在产品花色品种、质量、技术销售及售后服务等方面展开激烈竞争，企业的兼并、破产与大量新企业的出现并行。

同时，企业行为对市场集中度产生影响，如企业的合并、兼并行为会提高产业的集中度。

芝加哥学派产业组织理论者在对结构-行为-绩效框架提出批评的同时，对市场集中与企业行为的关系提出了疑问。在集中程度相同的不同市场上，企业行为可能存在不同的模式，因此市场集中与企业行为的关系并不是必然的。对企业行为进一步深入分析的结果表明，市场集中仅是影响企业行为的众多因素之一。相反的作用更应该被强调：在一定环境约束下的特定企业行为，使市场集中程度发生变化并形成最终格局。

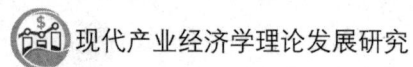

现代产业经济学理论发展研究

（三）集中与市场绩效

市场绩效是指产业在技术进步、利润率、规模经济利用、产品价格、产量、成本、质量、品种等方面的总体水平，它可以被看作企业行为的结果。对企业而言，这一结果主要在于利润水平；对社会整体而言，这一结果主要在于社会总体福利水平。

按照传统的产业组织理论，高度集中往往导致垄断，而垄断则可能会造成社会福利的损失。

①极高度集中使少数大企业有能力通过限产提高价格，这样一部分消费者就会从垄断市场中退出，资源由垄断产业向其他产业转移。但是，从社会角度来看，垄断产业的产量仍显不足。如果增加该产业的产量，可以使一些人的境遇得到改善，显然，垄断造成了社会总体福利的损失。

②将极高度集中条件下与充分竞争条件下的消费者剩余与生产者剩余进行比较，发现垄断者的限产提价造成了生产者剩余和消费者剩余（社会福利）的净损失，同时还引起了由消费者剩余向生产者剩余转移。

③企业为了追求极高度集中，愿意付出少于未来预期垄断利润的额外成本，这种行为会引起全社会福利总水平的下降。

第二节　专业化与协作

一、工业生产专业化

（一）工业生产专业化的进程与经济性

1. 工业生产专业化的概念

工业生产专业化是指从事工业生产活动的个体（企业、班组、个人）不断向只承担同类型的或专门的生产职能转化的过程。在工业生产专业化的过程中，现有的生产组织不断分化，形成新的生产组织，这些新的组织有共同的技术基础，有专业技术人员，采用专用设备和工具进行生产。工业生产专业化的过程又是同类生产集中的过程。原先分散在各个生产组织中的某种类型生产集中起来，由专门的企业承担。

2. 工业生产专业化的发展

（1）社会分工的结果

在以手工劳动为基础的个体小生产阶段，社会分工和生产专业化程度是极其有限的。生产的主要形式是综合性的全能化生产。从工业革命开始，纺织、采矿、冶金、机械制造业大规模发展起来，生产社会化的程度不断提高。在生产规模不断扩大的同时，原先进行综合性全能化生产的单位，分解为以具体的劳动内容相区别的专业生产单位。在同类生产内容集中基础上形成的专业生产单位，可以进行大批量生产，采用高效率专用设备，从而进一步推动了工业生产的扩展，引起新的生产分工和更深程度的专业化生产。

（2）科学技术发展的需求

工业生产专业化和科学技术水平有着密切的联系。科学技术进步使工业技术基础不断发生变革，工业劳动对象的种类和范围不断扩大，产品零部件的数量增加，工业生产加工手段也日趋复杂。这使得原先的全能化企业很难在保持全部生产内容的同时保证效率。同时，科学技术的发展，把专门技术和专用设备导入生产过程，使生产单位可以通过劳动对象专门化和生产加工手段专门化，简化生产活动，适应科学技术的飞速发展。

（3）市场经济发展的产物

在自然经济中，生产者从采掘各种原料开始，直到最后制成消费品，独自完成产品的整个生产过程，并且几乎独自生产需要的一切物品。这种生产方式是封闭的、自给自足的。当剩余产品出现、市场逐渐形成时，生产者必须考虑从市场交换中获得更大的经济利益。到了资本主义阶段，市场上聚集起更多的同类产品生产者，竞争日趋激烈。竞争造成的外部强制力，促使生产者力求把个别劳动时间缩短到社会平均劳动时间之下。这就要寻求少投入、多产出的新的生产方式，专业化生产适应了这一要求。专业化生产使生产者尽可能地减少单位产品的劳动投入，降低个别生产成本，增强竞争能力。生产向专业化方向发展是市场挤压和优化的产物。

3．工业生产专业化的经济性

（1）专业化生产与劳动生产率

在专业化生产中，同类生产集中起来，扩大了生产规模，减少了生产环节，使每个生产岗位的劳动内容趋向单一，从而有利于工人在较短的时间内熟悉操作技能，掌握加工技术，有利于减少劳动者的学习成本。同时，专业化生产与综合性的全能化生产相比较，减少了每隔一段时间就更换劳动对象和工装夹具的劳动耗费，使劳动投入更经济，有利于提高劳动生产率。

（2）专业化生产与不变成本

进行专业化生产，采用比通用设备及万能机床效率高的专用设备和工具，采用专门工艺，可以提高设备的产出率，提高加工精度和产品质量，降低单位产品中的不变成本量，

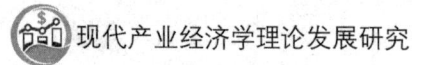

使企业获得较好的经济效益。

（3）专业化生产与产品更新和技术更新

在专业化生产条件下，企业或个人的生产活动集中在相对小的范围内，有利于技术的成熟化和在此基础上的创新。同时，专业化生产减轻了各生产单位在产品更新换代和技术转型时的负担。总成企业设计出新产品后，可以把零部件分散到专业化企业生产，从而缩短从试制到批量生产的周期，迅速向市场推出新产品。此外，共处同一产品生产过程的各个企业，可以联合吸收和引进新技术、新设备，联合攻克技术难关，加快生产技术更新。

（4）专业化生产与改善管理

专业化生产企业内的技术、工艺和原料特性接近，这使质量管理、生产计划、物资供应和成本核算等管理工作更易于实现标准化、制度化，也为企业应用计算机管理创造了条件，从而有助于降低管理成本，提高管理效率。

必须注意到的是，分工细化和生产专业化，最大限度地简化了每个生产岗位的生产内容。它在一定程度上把工人限制在一个专门的生产位置上，日复一日地进行单调而且重复的生产操作。长期下去，专业化生产工人容易降低劳动热情和创新的兴趣，阻碍其个性发展。高度分解的生产活动对工人操作技能和智力水平的要求降低了。专业生产工人除了岗位技能以外，别无他长，从而增加了工人在不同生产企业之间移动的困难。

因此，在现代生产组织中，为了避免专业化生产对人的发展的负面影响，出现了增加每个生产岗位的工作内容、培养多面手的趋向。有的企业将相邻的几个生产环节交给一个班组，工人每隔一定时间，变换一次工作岗位，以提高工人的劳动热情，谋求生产效率和个人个性发展的统一。

（二）专业化生产的形式

1. 按专业化的范围划分

（1）企业专业化

企业专业化也称工厂专业化，是工业生产专业化的基本类型，是指专业化企业集中并且重复生产工艺相近的产品。企业专业化的特点是大量采用高效率专用设备和专门技术，利用先进的大量流水作业方式组织生产，从而提高劳动生产率。

（2）岗位专业化

岗位专业化也称厂内专业化。这是个别分工发展的结果，表现为工作地、工段、岗位的专业化。企业专业化为岗位专业化创造了条件，而岗位专业化又是企业专业化深入发展的表现。

2. 按专业化的对象划分

(1) 产品专业化

这是指一个企业或一个生产单位只生产一种产品,或者生产结构相似或工艺相近的若干产品的专业化。产品专业化是按一定种类或品种、成品为对象进行分工的,所以也称对象专业化,它是工业中采用得比较普遍的一种专业化形式。

(2) 零部件专业化

这是指产品专业化的继续和发展。其特点是以一定种类的零部件为对象进行集中生产,而不提供完整的最终产品。零部件专业化建立在零部件标准化、通用化和系列化的基础上,比产品专业化具有更高的同类性。零部件专业化的批量更为扩大,为采用先进技术和流水生产线创造了条件,也更便于发挥中小企业的作用。

(3) 工艺专业化

这是指以产品的某个工艺或阶段为对象的专业化。它的特点是在一个企业里只完成产品生产过程的某个阶段或某种工艺加工。工艺专业化的生产成果可以体现为具体的产品,也可以体现为完成某种作业,如钢铁行业中的轧钢厂和专门从事热处理、电镀、喷漆等作业的工艺专业化厂等。工艺专业化在提高生产的同类性和企业结构的合理化方面达到了较高的水平。

(4) 辅助生产专业化

这是以辅助生产作业为对象的专业化。其特征是把辅助生产从原有的企业分离出来,形成独立的辅助生产企业。这是一种变形的专业化类型,如独立的机修厂、工具厂、包装工厂及动力和污水处理的专业厂等。辅助生产专业化在提高规模经济效益、发挥辅助生产的潜力等方面具有明显的作用。

二、工业生产协作

(一) 工业生产协作的实质

工业生产协作是指工业的专业化企业之间,为了共同完成产品的生产过程而建立的生产联系、依次对产品进行加工的企业之间签订委托生产合同或订货协议,对产品的品种、质量、交货期、价格做出规定。在同一产品的生产过程中,以原材料为对象进行加工,提供中间产品的企业被称为前序企业(或上游企业);对中间产品继续进行加工,完成产品总成的企业被称为后序企业(或下游企业)。

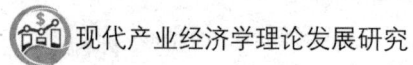

（二）工业生产协作的形式

1. 按协作关系划分

（1）非定向的社会生产协作

这是指专业化企业不以某个企业为产品提供对象，而是按国家标准或行业标准生产中间产品，如生产螺钉、生产轮胎、生产半导体元件等。企业的产品通过市场提供给需方企业。

（2）定向的生产协作

这是指前序企业按后序企业的工艺要求、质量要求、数量和交货期组织生产，产品全部由提出订单的后序企业接收。定向生产协作的企业之间经常以合同方式建立长期稳定的协作关系。承担前序生产任务的企业可以只面向一个后序企业进行专业化生产，也可以同时承接两三家企业的订货。定向生产协作又被称为分包制和下承包制。

2. 按协作对象划分

（1）零部件生产协作

这是由零部件专业化引起的一种生产协作形式，一般是专业化的零部件生产企业向处于同一生产过程的后序企业提供零部件的垂直生产联系。例如，齿轮厂向机床厂提供各种型号的齿轮；轮胎厂向汽车厂提供轮胎等。

（2）产品协作

这是由产品专业化引起的一种协作形式，表现为产品专业化的企业向其他企业提供某种产品，或是若干产品专业化的企业为同一工程项目提供各自的专门产品。例如，计算机企业、通信设备企业、打印设备企业、屏幕显示设备企业间的协作，是为了共同完成计算机站的建设。

（3）工艺生产协作

这是由工艺专业化引起的协作，表现为工艺专业化生产单位稳定地为其他企业进行某种工艺加工的生产协作。例如，电镀厂为自行车厂进行车圈电镀加工等。

（4）辅助生产协作

这是由辅助生产专业化引起的一种协作，表现为由辅助生产专业化企业向其他生产企业提供某一方面的辅助生产服务。例如，电热厂向周围若干工业企业提供生产用电和热气。

3. 按协作的范围划分

从这个角度，协作可以分为产品生产过程内协作、行业内协作和跨行业协作。

4. 按协作的时间划分

（1）固定协作

这是指专业分工比较稳定、生产联系比较紧密的企业之间的协作。这种协作一般协作期比较长，协作关系比较稳定，便于协作双方合理组织生产，有利于保证生产的连续性和产品质量。

（2）临时协作

这是由于企业生产能力不平衡而临时发生的属于生产能力余缺调剂性质的生产联系。它对充分利用现有生产能力，推动工业生产发展，有着积极的作用。

（三）工业生产协作的经济性

1. 外协产品的价格

要根据协作企业的生产能力、技术力量、设备状况、管理水平等，对外协产品的成本进行评估。只有当外协产品的价格低于自制的生产成本时，协作生产才有可能产生效益。

2. 因协作产生的运输成本和包装成本

一个进行全能化生产的企业，前序生产阶段生产加工的产品，由流水线或企业内的运输设备转移到后序生产加工地。由于距离短，搬运震动小，企业内的总装运成本只是一个很小的量。进行专业化生产的企业，是各自独立的生产单位。协作企业间的距离越远，运输成本越高。此外，有些零部件在装到整机上之前，容易由于运输震动而破损，在企业之间运输时需要逐个包装。所以，企业间的生产协作，要考虑分布的范围和产品特点对装运提出的特殊要求。

3. 交易费用水平

生产协作中的交易费用受诸多因素的影响，主要有：

（1）市场规模

作为市场主体存在的企业越多，可选择的协作对象越多，越容易选择到符合要求的协作企业。

（2）市场制度环境

市场制度环境完善，企业间的交易活动规范有序，引起的协作纠纷相对减少。

（3）市场发展水平

在成熟的市场条件下，企业的收益水平与资本规模、技术能力及管理基础密切相关，大部分企业致力于长期发展和合理的经济收益，企业间的协作关系相对稳定。在不成熟的市场中，某些产品或劳务的短缺、个别市场的大起大落，会强化企业经营者的投机暴利追求，大部分企业不愿意梳理收益基本不变的生产协作体系,企业间的协作关系不稳定且难以协调。

(4) 协作方式

定向的零部件生产协作,减少了企业寻找协作对象的次数,专业化企业之间紧密的生产联系也为保持协作关系提供了基础条件。非定向生产协作中的协作对象分散和不固定,企业在寻找协作对象、交涉价格、履行合同方面有较多的投入。

(5) 交易工具的现代化程度

交通条件的改善和运输工具的发展,有利于企业之间进行方便、快捷的生产协作。

(6) 信息传输工具

如计算机网络、光纤通信等现代技术产品的应用,可极大地提高协作效率。

在不同的市场、技术、经济条件下,专业化企业之间的交易费用乃至协作成本水平不同,在经济上决定了协作关系的可行性。

三、工业生产专业化与协作发展

(一) 工业生产专业化与生产协作的关系

1. 工业生产专业化推动了协作关系的完善

工业化初期,产品结构和技术结构相对简单,市场规模较小,工业生产组织方式以综合性全能化生产为主。企业之间的协作关系简单,生产协作方式主要是为项目配套需要的产品协作。随着工业生产规模的扩大和产品技术的复杂化,工业生产分工越来越细,许多复杂产品的零部件多达几千个、几万个,它们被分散在几十个甚至上百个专业化的企业生产。为了保证一种产品按质、按时、按量完成,必须把这些相关的专业化生产单位组织起来,建立相对稳定的协作关系。有什么样的专业化生产,就有什么样的协作方式。专业化越发展,协作的范围越广,协作方式越丰富,协作关系越完善。

2. 生产协作的技术经济条件影响着专业化生产的进程

当企业独立完成产品的全部生产环节,很少与其他企业发生联系时,企业的经济效益主要取决于内部生产要素的配置和利用效率。而当企业采用专业化的生产方式时,企业的经济效益不仅取决于内部生产要素的配置与利用,还取决于与其共同完成产品生产的其他企业间协作的技术经济条件。如果在协作企业之间经常发生经济纠纷、外协零部件的质量难以保证、不能按期交货、不能及时付清货款等现象,就会影响企业对专业化生产方式的选择。生产协作的技术经济条件不完善、协作不经济,会使协作成本高于生产专业化的成本节约额,使专业化协作的资源耗费高于全能化生产的资源耗费。在这种情况下,企业宁愿选择大而全、小而全的生产方式，而不愿选择专业化的生产方式。只有专业化生产的经济而没有协作的经济，专业化生产无法进行。因为分散为各自独立的专业化生产单位，需要通过"协作"来把所有的企业紧密地联结起来；缺乏完善的协作关系，企业只能回归全能化生产。因此，生产协作的技术经济条件制约着生产专业化发展的水平。

（二）工业生产专业化与协作发展的经济条件

1. 专业化协作水平的客观影响因素

（1）经济技术发展水平及市场规模

只有具有一定的生产规模，在经济上才有必要组织专业化生产。当社会经济发展到一定程度时，产品需求量增加，相应地要求较大的生产规模。这时，全能化企业被分解为多个专业化生产企业，每个企业的规模都能保证充分利用专用设备。当然，市场规模扩大，不一定是单一品种产品需求的扩大，可能还伴随着多样化发展。在这种条件下，多种产品生产中的相同工艺或相同零部件生产的集中，仍能为专业化生产协作创造条件。

在科学技术的发展过程中，专门制造技术和专用设备生产的发展也是专业化协作发展的客观条件。

（2）各类产品的生产技术特点

各类产品的生产技术特点是选择专业化协作形式的重要依据。产品结构复杂、零部件种类多、工艺可以分解的产品，适宜采用零部件和工艺专业化协作，如汽车、家用电器。品种简单、品种规模繁多的产品适宜发展产品或品种专业化协作，如纺织、造纸。生产工艺连续性强，或能综合利用原料的产品，适宜在工艺专业化的基础上进行联合生产，如冶金工业、石化工业。

（3）产品标准化的程度

标准化是对产品和零部件的质量、规格、性能、检验方法和包装等所规定的统一要求。标准化可以合理简化品种，扩大零部件的通用范围，扩大生产批量，提高专业化程度。同时，标准化有助于缩短新产品的设计周期，发展新品种，提高产品质量，方便使用和维修，使专业化生产与产品多样化有机地结合起来。

2. 推进市场化进程

（1）建立有序竞争的市场经济环境

专业化生产协作作为一种资源配置方式，可以通过两个主要途径——政府组织和市场组织来实现。在计划经济体制下，政府可以通过调整和新建专业化企业推动专业化生产，但是，条块分割使企业间很难建立生产协作关系。在改革管理体制之后，政府组织对经济资源的直接配置已经降到最低限度，大部分经济资源的配置交由市场来承担。只有建立起符合市场经济的管理体制和企业经营机制，形成竞争充分且有序的市场环境，才能充分体现专业化生产协作对企业生存发展的重要性，推动专业化生产协作方式的应用。

（2）确立企业作为市场主体的地位

我国过去在推进专业化生产协作的过程中，政府经济管理部门的热情很高，出于加快这一生产方式应用的目的，各级管理部门搞了不少"拉郎配"和"装口袋"式的协作。这些受命于行政指挥的专业化生产协作体，没有全面反映生产的内在联系，从一开始就潜伏着各种矛盾。所以，有些企业搞了专业化协作之后，经济效益下降了，还有的倒了多年培育的名牌商标。这种结局使企业把专业化协作看成形式主义的东西。

联系紧密、协作关系和谐的专业化生产体系，应来自企业的自主选择，只有企业根据生产技术发展的要求，不受地区和部门限制建立生产协作关系，才可能是有效率的和有生命力的。

（3）建立健全生产要素市场

进行生产专业化协作，需要对原有的全能化生产组织方式进行大调整。企业需要资金购入专用设备，取代通用设备；需要寻找或自建零部件专业生产企业。这就要求有能够为企业提供金融支持的资金市场。在生产调整过程中，企业还要把一部分通用设备通过市场转让出去，以减少生产方式转型导致的资本沉没损失。更重要的是，进行专业化生产，要分离出去或吸收进来部分生产环节，从而需要对技术人员队伍和工人进行调整。只有建立起有利于资金、生产资料、劳动力流动的要素市场和环境，才能保证专业化生产协作的发展。

3. 实施倾斜政策

（1）建立健全保护专业化生产企业的法规体系

进行专业化生产，就要与其他企业发生协作关系。我国有关保护专业化生产企业利益的法规体系不健全，使企业在进行生产协作中顾虑重重。首先，零部件专业化企业是否按质、按量、按期向总成企业提供产品，影响总成企业的市场信誉。应当通过法规建设和司法制度建设，提高企业对协作合同严肃性的认识，建立企业间诚实守信的经济关系。其次，承接专业化生产任务的企业，对定向总成企业有较强的依赖性，因为它们的设备是为专业化生产购置的，专用性强而通用性差，一旦解除协作关系，会遭受较大的损失。有的大企业利用专业化中小企业的依赖性，压低加工费或拖延付款，使中小企业陷入资金严重紧缺的境地。国家应当制定保护进行专业化生产的中小企业的政策，维护专业化生产企业的经济利益。

（2）为专业生产技术改造和技术更新创造条件

应当针对专业化企业更新设备的需要，降低专用设备的进口税，推动企业的技术更新；针对高技术产业的设备的技术寿命较短的现象，应允许这一产业的企业加速折旧，以利于企业与现代技术发展保持同步；应设立专业化企业设备更新和技术引进基金，鼓励企业采用最新技术。

设立专业化生产工业区。在工业发达城市的周边地区，建立专业化生产工业区，统一建设能源供给系统、生产生活服务设施和治理工业"三废"的设施，吸引乡镇企业和其他中小企业入区，实现专业生产的相对集中，降低协作成本。

4. 建立社会中介机构和相关组织

降低社会生产协作成本的途径之一，是向专业化企业提供建立协作关系的中介服务组织，主要包括：

(1) 建立技术指导和管理咨询中心

向技术水平较低的专业化中小企业提供技术援助，帮助它们克服专业化生产中的难题；帮助专业化中小企业健全管理制度，提高管理水平。

(2) 建立设备共用中心

有些专业化生产需要高效率、高精度的大型加工设备。如果由需用的企业独自购买，会由于利用不充分而增加产品成本。由设备共用中心购置高价格的大型设备，供中小企业有偿使用，有助于降低专业生产零部件摊入的不变成本，提高专业生产的经济效益。

(3) 建立协作信息中心

将愿意进行专业生产企业的技术资料存入信息中心，为企业寻找协作对象提供方便快捷的服务；组织同类生产企业间的技术交流，推动技术成果的转让；为协作产品价格的制定提供参考，减少协作双方因定价出现的争执；为专业化企业提供培训管理人员和员工的条件，促进企业素质的提高。

建立健全专业化生产协作的中介机构，有利于节约交易费用，提高协作效率，提高我国工业生产专业化协作的整体水平。

第三节　联合化与集团化

一、联合化与集团化的组织形式

（一）企业联合体

企业联合体是指一些具有内在经济联系的企业，基于共同的利益和一致的目标，围绕某类产品，开发利用某类资源或为了更好地适应生产经营的需要，按照自愿互利的原则，并实行专业协作所形成的有机的企业群体。目前企业联合体的主要形式有：

①以名牌产品为龙头，以骨干企业为核心，围绕产品以及软硬件等的综合开发，形成半紧密型的企业联合体。

②以联合开发新技术为主的生产科研企业群体，这类企业联合体是科研单位、大专院校与生产单位组成的集合群体。

③开拓国际市场的企业集合体，实行工贸技合一，内引外联结合，组织松散型出口联营群体。

④联合生产开发资源的企业联合体。这种企业联合体是以最终产品为纽带，将原材料生产企业、加工生产企业联合在一起，以技术投资、生产设备等固定资产投资和合资经营等多种形式组合的结合群体。

⑤提供"一条龙"服务的企业群体，是以经营成套设备、承包工程服务，根据用户的需要，组织跨部门、跨地区的综合服务的企业群体。

（二）横向经济联合

改革开放以来，随着经济运行机制和管理体制改革的深入，经济联系方式和管理方式正在发生深刻的变革。横向经济联合的诞生和发展是经济联系方式和管理方式由主要通过行政系统的纵向封闭型向纵横结合、以横向联系为主的开放型转变的过程。这个转变过程也是国内各领域互相开放、破除以条块分割为特征的旧体制的过程，是对已经不能适应生产力发展的那部分生产关系和上层建筑进行改革的过程。

过去旧的经济体制，一个是条条、一个是块块，条条之间、块块之间、条块之间都缺乏横向经济联系，人为地按行政隶属关系把企业约束在条条块块之中。这是违背社会化大生产发展趋势的，是与社会主义市场经济的客观要求背道而驰的。

条块分割的工业管理体制之所以必须改革，是因为各方面都从自身的需要和利益出发，各搞一套，自成体系，甚至彼此封锁，导致重复建设、盲目生产，严重阻碍了商品经济的发展。在生产组织方面缺乏应有的分工协作，搞大而全、小而全，进行自成体系的封闭型生产，这是条块分割旧体制在企业组织结构方面的必然表现。

市场经济要求实行对外开放，也要求国内各领域互相开放。为了在竞争中生存和发展，每个商品生产者和经营者都必须充分发挥自己的优势，广泛地实行专业化协作，以便扬长避短，取长补短，实现企业组织结构的合理化。

横向经济联合特别是企业之间的横向经济联合，是企业组织结构合理化的必由之路。横向经济联合之所以能够取得显著的效益，是因为这种联合能够促使各种生产力要素按照合理的方向流动和组合，从而能创造出新的生产力。因为就单个城市和单个企业来说，资金、技术、资源、生产能力、信息和经营管理经验总是有局限性的，而且都有自己的优势和劣势，这种优势和劣势又往往自相抵消。如果实现了横向经济联合，城市之间和企业之间就能互相取长补短，把各方面的优势发挥出来，形成最佳的商品生产能力。也正是因为横向经济联合能够增强互补能力，因此能够进一步促进产业结构和地区结构的合理化。

发展横向经济联合是建立社会主义统一市场的客观要求，而建立社会主义统一市场乃是建立社会主义市场经济的基本条件。

在条块分割的旧体制下，商品市场被束缚在条条和块块的窄小范围之内，商品、资金、技术的生产和流通，都只能在分散的小块市场内进行，这样就阻碍了市场经济的发展。实践证明，发展横向经济联合有利于打破市场分割的局面，联合本身就是在商品、资金、技术、人才诸方面实行国内各个领域的互相开放，这必然促进商品市场的扩大、资金市场和技术市场的建立和完善，促进劳动力和人才的合理流动，从而为逐步形成城乡统一的、开放的社会主义市场体系和纵横交错的经济网络创造条件。由此可见，横向经济联合的发展过程，也是社会主义统一市场的开拓、扩大与完善的过程。

当代的市场经济，已经不是过去那种简单的商品生产，而是以现代化大生产为基础的社会商品生产。这种高度社会化的市场经济，以现代科学技术和社会分工的发展为基础和条件，同时是进一步推动科学技术进步和社会分工发展的强大动力。

从历史上看，城市的功能是在城市之间和城市与其他地区之间的经济联系中实现的，城市的产生和发展是生产力发展、社会分工和商品交换进一步扩大的必然结果。在城市之间，由于交通、电信业的发展，它们在商品、资金、技术和人才等方面的相互流动和相互吸引力与日俱增，市场也逐渐扩大。在城市彼此联系和交往的过程中，有的城市原有的某些优势可能会丧失，而新的优势又会产生；有的城市原有的某些劣势也可能变为优势，原有的某些优势也可能变为劣势。这种优势与劣势的替代和转换对城市的影响在很大程度上取决于它们各自对科学技术进步和社会分工发展的适应能力。横向经济联合的发展既是科学技术进步和社会分工发展的必然产物，又是科学技术进步和社会分工进一步发展的强大推动力。

现代科学技术的不断进步为新的独立的城市、部门、行业和企业的建立，以及它们之间的分工协作和联合创造了条件，提出了要求。许多新技术的应用，也只有在横向经济联合中才有可能收到更好的效果。

（三）企业集团

1. 企业集团的概念

经济学领域的企业集团（business group or industrial group）是以一个或若干大型企业或大型公司为核心，通过协作、联合、兼并等方式，把具有生产技术经济联系的各个独立的法人单位，以资产联结和契约合同为纽带而建立起来的一种大规模、多种形式、多层次结构的企业法人联合的组织形态。

企业集团的形成，一是以一个或若干大型企业或公司为核心组成的。这些核心企业拥有产品、技术、资金和经营管理等方面的技术经济优势，在行业中占有重要地位，对其他企业具有较强的吸引力和凝聚力，并有驾驭大型联合组织的管理能力。二是参加企业集团的成员企业一般都具有内在的生产技术经济联系，或是同类产品生产联合以扩大生产规模；或是产品各部分或生产过程各环节的分工协作配套；或是联合开发新产品、新技术，消化吸收引进技术；或是联合经营销售和对外贸易等。三是企业集团的组成一般通过协作、联合、兼并等方式，以资产联结和经济协议与合同为纽带形成各个独立法人企业联合体。

2. 企业集团的构成特征

从对企业集团的概念和分析可知，企业集团应具备以下几个特征：

（1）企业组织结构多元化

这是说企业集团是多个法人企业的联合体，不是单一的法人经济实体。在法律上，组成企业集团的各个企业仍是独立法人，能独立承担民事责任。相反，企业集团自身不具有法人地位，不能承担民事责任。这是企业集团不同于单个大型企业的基本特征。

（2）企业组织结构多层次

企业集团组织分为四个层次：核心层、紧密层、半紧密层、松散层。核心层是集团公司，一般是实力雄厚的大企业或大垄断组织，它是集团活动的中心。紧密层由集团公司控股的子公司或企业组成，是集团活动的依靠力量。半紧密层由集团公司参股的企业组成，是集团活动的辅助力量。松散层由承认集团章程、与集团公司及紧密层企业有稳定优惠协作关系的"关联企业"构成，它们是集团活动的补充力量。前两个层次的存在是构成企业集团组织结构层次的"必要条件"，后两个层次的存在是构成企业集团组织结构层次的"充分条件"。只有核心层、没有紧密层的联合体不是企业集团，但在特殊情况下可以只有集团公司和紧密层，而没有半紧密层或松散层。

（3）以资产联结纽带为主

企业集团的联结纽带，在目前的情况下有三种：契约纽带、行政权力纽带和资产纽带。资产纽带是企业集团最基本、最主要的联结纽带。以资产为纽带联结的集团，其组织形式是集团公司为母公司，对成员契约参股、控股。集团公司控制的子公司连同集团公司的分公司，构成企业集团的紧密层；企业集团参股的公司，则构成企业集团的半紧密层；至于企业集团松散层的关联企业，则主要以契约为纽带联结。此外，以行政权力为纽带在我国企业集团的形成中是一种迁就现状的过渡性纽带，它主要是下一层对上一层进行层层承包，集团公司向政府实行总承包。随着现代企业制度的建立，这种行政权力纽带将逐步减弱、消失。

（4）具备一个实力雄厚、能起主导作用的核心层

企业集团的核心层应是实力雄厚、具备法人地位、具有投资中心功能的经济实体，而不是行政性公司。它有资产实力、资金实力、技术及产品实力，能统一规划集团的投资活动。

3. 企业联合体与企业集团的关系和区别

如前所述，企业集团是一种更高级的企业联合体形式。它和企业联合体有以下明显的区别：

（1）联合优势不同

企业联合体是以单类名优新产品为龙头，以骨干企业为核心形成的中小企业结合体，是在骨干企业支配下形成的单一核心的企业群体，它的生产经营活动受到其产品自身特征的制约；企业集团则是以核心产品为龙头形成产品系列，以大型骨干企业为核心形成的多个企业群，它的生产经营活动既受其产品自身特征制约，又被产品自身特征所推动，因而具有系列产品、系列市场的生产经营多角化的优势。

（2）联合规模不同

企业联合体的核心企业一般是中型企业，个别群体以一般大型企业为核心，它所形成的生产经营能力较小；企业集团的核心企业一般是大型骨干企业，形成的生产经营能力较大。

（3）联合内容不同

企业联合体一般是以某种产品、劳务、供销、运输和其他服务为内容的联合；企业集团则是以生产要素为内容的联合，如资金、原材料、厂房、设备、技术、劳动力等有形内容的联合，同时向无形内容扩展，如科学技术、专利权、专利技术、商标权以及其他特许权等无形资产，其联合内容大幅度增加。

（4）固定资产集约程度不同

企业联合体一般是资金集约、技术集约程度居中的联合体；企业集团则是资金、技术

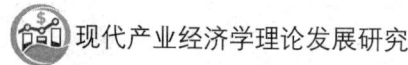

集约程度较高的复合体。

（5）一体化的特征不同

企业联合体是在生产经营一体化基础上的前向一体化和后向一体化的纵向一体化联合体；企业集团则是在纵向一体化的基础上向横向一体化的深化发展，强调集团内部信息共有、目标一致、协调竞争、共同发展，因此是紧密性、集中性的联合。

（6）联系纽带不同

企业联合体成员是一种松散的、契约式的关系；企业集团以资产纽带为主，兼有契约纽带联系。

（四）集团公司

企业集团不是一个独立的法人概念，而是一个企业群体，这个企业群体是靠核心层企业对集团公司的控制、持股为纽带的，以其强大的经济实力为后盾凝聚起来的；集团公司则是一个企业法人，它有自己独立的资产，它的成立是经过企业法人登记的。集团公司的最高决策机构是董事会，董事会关于集团的总体决策将通过各种纽带作用影响整个集团。

1. 集团公司的资产构成

上面已经指出集团公司作为法人拥有自己的资产。这些资产主要分四个部分：

①集团公司资产；

②受国有资产管理部门委托给集团公司经营的紧密层企业的国有资产，集团公司成为价值形态的所有者，而被控股的子公司则是实物资产的经营者和占有者、支配者；

③半紧密层企业与集团公司或相互换取，或集团公司投资入股形成的部分价值形态的资产；

④向社会招股形成的资产。

2. 集团公司的组织结构

集团公司是企业集团的核心企业，其结合属于单个法人企业内部的组织结构，即企业内部各部门和人员的构成以及这些部门和人员之间的关系。

工业企业集团中的集团公司，普遍属于混合控股公司性质，即除掌握子公司、关联公司的股份外，其自身也进行生产经营和商贸活动，通常都掌握具有强大竞争力的产品系列。同时这些集团公司不断兼并新的企业。由于集团公司本身相当庞大，决定了仅靠那种车间、分厂式的直线职能制集权管理组织机构显然不够，因此在国外的工业企业集团中，事业部制十分普遍。

所谓事业部，是指按产品或地区划分，并实行单独核算的公司内部的生产经营单位。

事业部没有独立的法人地位，是集团公司的一个组成部分，而不是集团公司之外的一个企业。

作为集团公司内部管理的重要组织方式，事业部制是一种高度分权化的组织形式。在符合母公司的经营大目标与总体计划的条件下，事业部负责人通常可全权处理该部的业务，包括安排所属工厂、车间、职能科室的生产经营计划，在一定范围内根据市场需求及时调整产品品种和数量等，母公司不加干涉，而且授予事业部相当于法人地位的企业一样的权力，因此可被称为企业中的"企业"。具体地讲，事业部是三个中心的统一。

（1）企业责任中心

各事业部可独立参与市场竞争，必须保持销售额的不断增长，负有经营责任。企业责任是按利润、市场地位或生产效率等客观标准评价的，故十分明确。

（2）利润责任中心

这意味着事业部不能单纯追求自身利益，必须尽可能地谋求更多的利润向总公司负责，确保公司下达的利润指标完成。

（3）分权化中心

事业部部长通常被看作具有公司经验的"身份"，意指该公司经理为使事业部部长对本公司的企业责任、利润责任更好地负责，尽可能大幅度将各种权力下放给事业部部长。总公司对事业部的管理只掌握两权：各事业部部长的任免权及各事业部的财务管理权。

3. 集团公司对下属公司的控制方式

集团公司和子公司、关联公司之间主要是依靠股份化的资本相互联结，形成统一管理的基础，形成以集团公司董事会为主体的企业集团的最高决策机构。集团公司对下属公司的控制主要通过以下方式：

（1）投入资本，控制子公司大部分股份

由于控制了子公司大部分股份，集团公司能控制子公司的董事会，并影响子公司和关联公司，使其按照集团公司的战略制定子公司和关联公司的决策和经营方针，并定期让子公司和关联公司提供中长期计划和财务报表，了解子公司和关联公司的情况。

（2）通过人事权来控制

集团公司作为紧密层企业（子公司、分公司）的资产控股者，享有控股企业的董事长席位，以及通过董事会掌握总经理的任免权和企业生产经营中长期规模、重大问题的决策权。

（3）通过产品和技术扩散手段来控制

工业企业集团的集团公司大部分拥有主导产品和先进技术，集团的其他三个层次基本

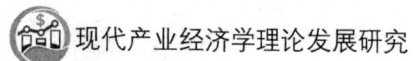

上围绕主导产品进行生产，同时在生产技术上接受集团公司的指导，这就决定了子公司和关联公司在生产经营上要接受集团公司的管理和控制。

（4）通过资产转移手段和投资手段来控制

由于投资决策权集中在集团公司一级，子公司的扩展必须经集团公司的统一规划和审批，并依赖总公司集中的财力支持。这就决定了集团公司对下属公司的影响和控制力。

另外，对于半紧密层企业来说，尽管享有参加股东会和董事会的权利并以股份享有一定的投资决策权，但难以达到控制的作用。资产转移手段却对这些企业形成相当的威慑力量。集团公司在发现持股企业的生产经营完全脱离自己的轨道而前途不佳、无法扭转时，便可贬值转让其资产。如果集团公司实力强大而采用这种手段，必然对这些半紧密层的企业的其他股东产生影响。为了防止这种现象发生，半紧密层企业不得不重视集团公司的影响。

（5）编制合并财务报表

为了统一了解集团整体的经营状况，集团通常强调编制企业合并财务报表，以便集团成员和社会都能了解集团的综合经营情况。集团公司通过合并财务报表对各子公司进行考查。

（五）跨国企业集团

跨国企业集团是指除了在母公司所在国有生产经营以外，还在多个国家拥有生产或贸易的子公司或分支机构，在母公司的直接管理下，从事世界范围生产经营活动的企业集团。跨国企业集团可以是由一国资金在多国投资形成，也可以是几国资金联合在多国投资形成。由于跨国企业在国外设立子公司，原则上要经过向当地政府管理部门注册、取得东道国的法人资格和其他资质，因此跨国企业集团通常是多国籍的国际性企业集团。

1. 跨国企业集团的现代特征

①跨国企业集团是国际大型垄断企业联合体。

②跨国企业集团推行全球经营战备。

③跨国企业集团实行高度集中的管理体制。

2. 跨国企业集团的类型

跨国企业集团有多种不同的分类方法。

（1）从谋求利益的角度进行分类

①民族中心。经营决策以本国权益为基本出发点，亦即所有决策主要考虑母公司权益。

②多元中心。以子公司权益为决策基点。这侧重于利用子公司所在国的资源，但对全球发展往往缺乏考虑。

③全球中心。所有决策均统筹考虑全球利益。

（2）以企业内部经营结构的不同类型分类

①平行型。其主要特点是：企业内部、母公司和子公司基本上制造单一的同种产品，经营同类业务。它的主要优点在于，企业内容转移生产技术、市场营销技能和商标专利等无形资产时，不必通过国际市场，因而有利于加强母公司和子公司的市场合作，增加生产数量，扩大规模经济。

②垂直型。这类企业集团、母公司和各子公司制造不同的产品，经营不同的业务，但彼此之间的生产过程相互衔接。这是跨国企业集团的一种主要形式。其特点是投资多，规模大，生产分工复杂，相互联系密切，内部转移中间产品，一个子公司的产出就是另一个子公司的投入，便于公司按其全球战略发挥各子公司的优势，安排专业化生产和协作。

③交叉型。这类跨国企业集团是指母公司和子公司制造不同的产品，经营不同的行业。它们经营的产品和行业之间相互不衔接，没有有机联系。其主要特点是：加强了生产和资本的集中，对整个集团公司发挥规模经济有较大作用；由于经营品种多，能有效地降低风险；多样化的、没有衔接关系的行业和产品有利于企业进行跨行业兼并和发展；但经营多种业务，业务的复杂性会给企业集团的管理带来不利影响。近几十年来，这类企业集团得到迅速发展，但也出现收缩经营产品和行业范围的倾向。

3．跨国企业集团的组织形式

（1）设立国际业务部的组织形式

国际业务部同国内业务部共同成为母公司两个地位平行的部门。它由国际经营管理专家和其他人员组成，对各海外子公司的一切活动进行全面管理和指导。国际业务部一般由一名专职副总经理领导，副总经理都直接向总经理负责和报告。这一组织形式适用于全球性生产经营不久、地区分布不广、产品标准化的中小跨国企业集团。

（2）全球性产品组织形式

这种组织形式适用于企业集团产品的多样化以及使用不同技术和销售途径的情况，该组织形式根据主要产品的种类及相关服务的特点，不再区分国内、国外，而在全球范围内设立若干产品部，分管各产品部的副总经理负责对该产品的开发、计划、生产、销售进行管理和控制，直接向总经理报告。

（3）全球性区域组织形式

这种组织形式是以全球性生产经营活动的区域分布为基础加以组织的。例如，公司设立亚太、西欧、北美等区域中心，由专职副总经理领导各中心的工作，负责对相应区域业务活动的全权管理，直接向总经理报告。跨国企业集团在经营历史长、产品成熟、市场分布广、市场的具体条件和经营环境对产品的销售影响较大时，宜采用这种组织形式。

（4）全球性职能组织形式

这种组织形式根据不同的管理职能进行分工，一般划分为生产、销售、财务等职能部门，这些部门设置一个专职副总经理，分别统一负责公司的国内外产品开发、产品生产，质量控制和产品标准化，或者集中控制和统一协调公司的全球销售机构、销售业务和子公司的销售活动，或者对公司在世界范围内的资金筹措、资金调拨、利润安排和外汇风险管理等完全负责，所有副总经理直接向总经理报告。这种组织形式比较适合于中小型的跨国企业。

（5）混合型组织形式

对于既有较多的、重要的产品系列，又具有共同特征的顾客群体的跨国企业，或者跨国企业集团处于过渡、调整阶段，或者由两家组织结构不同的企业合并而成的跨国企业，较适合采用既有地区分工又有产品分工的混合型组织结构。各副总经理分管一方面，如一个副总经理统一管理某一特定区域（如北美），其他副总经理则按产品品种分工负责其他地区的产品生产经营，各个副总经理向总经理负责。

（6）矩阵式组织形式

在大型跨国企业集团的规模进一步扩大、产品多样化且种类不断增多、地区分布更加广阔并趋于分散化的时候，跨国企业集团采用矩阵式组织形式就较合适。这种组织形式的主要特点在于：以明确权责关系为基础，既按产品种类设副总经理，又对不同地区设与副总经理地位相同的子公司经理，副总经理和地区子公司经理按产品和地区分别对公司的业务实行管理，形成纵横交叉的控制；跨国企业集团的子公司受双重领导，既受副总经理领导，又受地区子公司经理领导。

另外，20世纪80年代末90年代初，一些从事全球性生产经营的跨国企业集团又派生出一种新的组织形式：以合同的形式与国外企业（包括从事研制、设计、生产、运输、货款回收等任何环节的工商活动的企业）进行临时性的联合，共同生产、经营某种产品。但这种企业集团组织形式是一种松散型的形式。实行这种组织形式的跨国企业集团，其竞争力远不如前述结构紧密的跨国企业集团。

4. 跨国企业集团的发展动向和趋势

（1）跨国企业集团投资企业的趋势

投资流向转向第三产业，相比之下，对直接生产制造业的投资逐渐下降。

（2）跨国企业集团的联盟趋势

其中有两种形式：

①若干势力均衡的大跨国企业集团组成联盟，优势互补，共同研究和开发重大的新产品和新技术，以及从某种产品的单项合作发展到对众多部门从生产到销售多环节的合作。

②发展跨国企业群。发展中国家较多使用这种形式。这种组织形式由一家大型跨国企业和一批小型跨国企业组成，通过合资、分包合同、销售协议、生产协作、技术转让等多种方式联合在一起，发挥各自最具优势的方面，提高整体竞争力。

二、联合化与集团化的发展趋势与对策

（一）推动政企分开，转变政府职能，使企业集团成为真正的市场竞争主体

目前，我国已建立的企业集团质量不高，"集而不团"的企业集团没有实质意义，其中一个重要原因就是政企不分，企业集团没有真正建立在产权之上，资产纽带有名无实，不起作用。改革开放多年来，尽管一直强调政企分开，但在实践中，政企一直难以真正分开，使企业和企业集团难以在激烈的市场竞争中自主决策，尤其是扩大或缩小经营规模。政企分开的一个基本前提是产权清晰，亦即处理好国家作为国有资产所有者与企业集团之间的产权关系，以及国家作为社会经济管理者对它们的管理关系。然而在传统的经济体制仍然产生影响的情况下，许多行政机构对企业发号施令，而任何一个机构都不对决策后果负责，因为每个机构都只有部分权力，只能承担部分责任。所有权的各项权能（使用权、处置权、收益权、高层经理人员任命权等）被不同的部门分割，实际上架空了所有权。而每个部门行使的那部分所有者权能由于与所有者的其他权能割裂，变成了各个部门自己的权能，服从于本部门的发展目标和利益。

（二）建立健全完善的法人治理结构

公司制企业是现代企业制度最好的典型组织形态，而科学的治理结构是公司制企业的重要特征和组织优势所在。因为公司制企业可以使所有者、经营者和劳动者通过建立权力机构、决策机构、执行和管理机构、监督机构，形成各自独立、权责明确、相互协调和制衡的关系，实现决策体制和机制的科学化、民主化，在市场竞争中保障企业有效经营。要按照产权明晰、权责明确、政企分开、管理科学的要求，对国有大中型企业实行规范化的公司制改革，建立健全股东会、董事会，要严格按照《中华人民共和国公司法》的要求进行规范运作，实行公司的决策权、执行权和监督权相分离。

（三）打破条块分割，促进企业集团跨地区、跨部门、跨所有制发展

①企业集团的跨地区发展，是在更大范围推动生产要素的合理流动，提高资源配置效率的客观要求，也是企业集团得以迅速扩张和发展规模经济的必要条件。由于地区间存在经济发展不平衡性，以及各地区都有比较优势，比如东部地区拥有资金、技术、管理、信息等方面的优势，但在自然资源方面处于劣势，而西部地区拥有自然资源优势，但在自然资源的开发与深加工方面处于劣势，客观上需要实现优势互补，使企业集团跨地区发展拥有较大的活动空间。企业集团通过跨地区的投资，对各地区的相关企业进行改组、改造，充分利用各种资源条件，从而实现以较小的投入扩充经济规模来获得较大的产出能力。同时，可利用当地的原料、劳动力等生产要素就地生产面向当地市场的产品，可以较大幅度地降低运输费用、劳动费用、市场进入成本等。另外，企业集团跨地区发展，有利于开拓不同区域的市场，提高市场占有率，扩大企业集团的名牌效应，这为企业集团扩大规模、实现规模经济创造了条件。

目前地区封锁分割方面的束缚是影响企业集团跨地区发展的严重阻碍。在一些政府部门和地方政府的保护下，某些高消耗、低效率的企业，特别是那些技术水平很落后的中小企业仍在维持生产，而那些技术水平高、经济实力雄厚、生产名优产品的大企业、企业集团则难以跨地区经营。这样企业集团越向外发展、扩张，受到的阻力就越大，关系越难以理顺。因此，必须打破地区分割的行政体制障碍，促进企业集团跨地区发展，实现生产要素跨地区的合理流动，在生产要素聚集中形成新的企业集团规模。

②企业集团跨部门发展，不仅是适应现代市场竞争趋向全方位竞争的要求，更重要的是实现与企业集团发展相关的诸部门企业的联合，推动相关部门的生产要素在部门间合理流动，变部门资源优势为企业集团优势，进而变为产品优势、群体规模优势和市场竞争优势。当然企业集团跨部门发展，也容易适应市场变化需求，实现多元化经营，形成综合化功能，获得综合经济效益和规模经济效益。我国必须改革部门分割的体制，为企业集团跨部门发展、实现以主业为骨架的多元化拓展及形成综合性功能创造良好的环境条件，使企业集团实行生产经营和资本经营并举，依靠品牌优势、创新优势来把集团经济规模做大，把经济实力做得更强。

③打破所有制的界限，促进企业集团跨所有制发展，把多种所有制经济的优势聚集到企业集团中，形成新的生产经营优势，尤其是实现规模优势，使各种经济成分互补互促，达到共同发展的目的。

（四）理清发展思路，进一步确立企业集团发展战略

（1）明确企业集团发展的重点和方向

一些企业集团在发展过程中，缺乏明确的发展重点和方向，有些企业集团的经营领域甚至无所不包，由此导致后来许多大企业集团的衰落和倒闭。因此，我国在企业集团的发展过程中，要明确发展的重点和方向。一方面，政府要加强这方面的引导和调控；另一方面，企业集团本身要从实际出发，坚持有所为、有所不为的原则，根据自身的发展特点和市场的变化，明确一个时期的发展重点和方向。同时要根据不断变化的外部环境和内部因素及时地进行调整和充实，使企业集团在整个发展过程中，都能很好地贯彻和遵循业已确定的发展重点和方向。

（2）企业集团发展的正确目标

企业集团应当制定切实可行的，同时有利于促使其发展的目标。①不要盲目追求过高的发展目标。②发展目标也不能过低或过于保守，否则就无法起到促进作用，进而这种目标的制定也就失去了应有的意义。③在制定发展目标的过程中，要注意把量的扩张目标与质的提高目标有机地结合起来，达到质和量的统一。

（3）把握企业集团发展的关键因素

企业集团发展除了要有资本优势外，还必须具有市场、技术和人才等优势。企业集团要想在经济全球化这个大背景下寻求发展机会和生存空间，在主动发挥自身优势的前提下，必须潜心研究制约自身发展的关键因素和条件，并以此采取相应的对策和措施来创造优势。

（五）建立多层次的社会保障体系和政策保障体系，为企业集团顺利发展创造良好的

外部条件

①实施有利于企业集团发展的产业政策及配套的投资政策，继续扩大有资格的企业集团的投资权限，使集团具有整体的开发权、完整的投资权、更多的劳动管理权和更大的产品开发权。

②实施有利于企业集团的金融政策、国有资产利润分配制度、利税政策，在符合国家产业政策的前提下，国家银行应优先考虑生产经营的信贷需求，扶持企业集团的融资需求。

③推进试点企业集团开发国际化经营，形成有利于集团发展的外贸政策体系。国家要继续扩大企业集团的外贸自主权，鼓励有条件的集团开展境外投资和经营，以扩大产品出口能力，按规范的跨国公司模式发展。

第四节 企业国际化与跨国公司

一、企业国际化

（一）企业国际化的含义

企业国际化是指企业生产经营活动国际化，表现为原来以国内为生产经营范围的企业，转向国内、国际市场并重，在世界范围内组织经济资源，寻求最佳发展机会，企业在国际市场上的销售额比重上升，海外的生产规模不断扩展。

"企业国际化"一词也经常被用于表明国民经济中企业向国际经济领域转移的过程，或表明企业参与国际经济活动的水平。参与国际经济活动程度较高的企业，常被称为国际企业。

（二）企业国际化的途径

1. 企业产品市场或技术市场国际化

大多数企业是从产品出口或向海外市场提供技术开始国际化进程的。在这一过程中，企业以国际市场需求为导向，以提高在国际市场的占有率为目标，设计产品和组织生产。企业的价格策略、产品策略和服务策略的目标是开拓并占有国际市场，提高企业产品在国际市场上的销售额和销售收益。

2. 企业投资国际化

随着企业国际市场的扩展，产品出口收益构成了企业经济收益的重要部分。为了掌握国际市场变化的信息，克服各种贸易壁垒，一些企业通过直接投资在海外设立子公司或分支机构，或者通过合资合作在海外设立生产企业，从事跨国生产和跨国经营，建立企业的国际生产分工体系和国际流通网络，充分利用别国的优势资源，谋求企业收益的最大化。

企业投资国际化也可以采取间接投资的方式，即通过购买外国企业的股票或债券，发展在海外的业务。这种间接投资以不具有控制和支配股票发行企业的决策权为限。间接投资的目的往往是推动产品出口，或者为直接投资做准备，获得股息、债券利息也是间接投资的目的之一。

（三）我国企业国际化的经济分析

（1）企业国际化与国际分工利益

我国虽然地域辽阔，但是按人均计算，自然资源并不充裕，有些重要资源的稀缺制约着相关产业的发展。另外，我国虽然在尖端技术领域占有一席之地，在中低技术领域拥有相对优势，但是在高技术领域和高附加价值产品生产领域与发达国家的差距较大。企业实行国际化，出口我国目前具有比较优势的产品，可以换回我国短缺的经济资源，包括重要材料、新技术和技术设备等。企业国际化，既可以在更大的范围内组织和配置经济资源，实现最优要素组合，又可以通过国际市场调剂余缺，充分实现我国富有资源的价值，弥补我国的资源缺口，为国民经济发展和提高我国的工业化水平创造条件。

（2）企业国际化与完善企业经营机制

为了保证我国产业尤其是不发达产业的成长，国家要通过一定措施，保护相关产业，为它们提供技术成熟化所需的时间和空间。但是，这在一定程度上也保护了低效的落后企业。企业参与国际市场竞争，就要按市场要求提升竞争能力，也要按国际市场要求采用新技术，提高产品质量，降低生产成本。所以，企业国际化的过程是向国际化企业组织方式和管理方式靠拢的过程，这一过程强化了企业的市场开拓能力，推动了企业经营管理的现代化。

（3）企业国际化与产业结构转换

产业结构变动受到技术水平、需求结构、资源禀赋等因素的影响。在一个封闭的经济体系中，这些经济因素的变化缓慢，因而制约了产业结构的转换。推动企业国际化以后，技术、需求和资源的结构与水平都发生了较大的变化，引进先进技术和生产设备，为改造传统产业提供了技术支持；产品出口市场扩大，拉动了相关产业的发展；紧缺的生产要素可以在国际市场的补充下，缓解供给压力。这些都会影响产业之间的比例关系。企业国际化为我国产业结构的调整和升级提供了必要的市场拉动力和技术推动力。

（4）企业国际化与规模经济

企业的生产规模在一定程度上取决于市场规模。市场规模扩大了，就为高效率的专业化生产提供了前提条件。生产成本降低，竞争能力提高，企业可以获得规模经济收益。然而，在一定阶段，受收入水平和消费偏好的影响，有些产品的市场规模难以容纳若干最佳规模企业。我国彩电、冰箱、手机、玻璃等许多产品的总生产能力大于市场需求规模，而其中大部分企业离最佳规模相距甚远。如果我国企业在提高质量、增加品种的同时，积极拓展海外市场，随着出口量的扩大，企业的规模收益会增加。此外，向海外市场分流，避免了企业在国内市场的价格之战，有利于企业的稳定发展，也有利于维护国内市场竞争秩序。

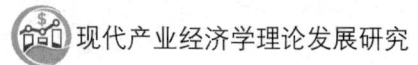

二、跨国公司

（一）跨国公司的含义

跨国公司是指除了在母国的生产经营以外，还通过对外直接投资，在多个国家和地区设立子公司和分支机构，从事跨国生产经营活动的企业。

一般来说，跨国公司的资本来源国或母公司所在国被称为母国，投资去向国或海外子公司所在国被称为东道国。

跨国公司可以是一国资金在多国设立子公司形成的，也可以是几个国家资金联合由多国投资形成的。由于跨国公司在国外设立的子公司要在当地市场监督管理部门注册，取得东道国的法人资格，因此，跨国公司又称国际企业或全球企业。

（二）跨国公司的主要特征

1. 跨国公司是大规模的国际垄断企业

虽然有许多中小企业从事跨国贸易活动或者小规模的跨国生产，但是，形成企业独立的国际分工体系和国际流通网络，首先要求以雄厚的资本实力和大规模的组织作为基础。跨国公司的发展过程表明，企业在海外直接投资，是为了获得垄断优势利益，追求大规模生产的经济性。在海外设立子公司和分支机构后，企业组织规模得到进一步扩张。

在现代国际市场上，许多大型跨国公司在一种或几种产品的生产技术领域居主导性的垄断地位，它们领导这些产品的技术方向和发展潮流，操纵国际市场价格。特别是发达国家的大型公司，控制了世界大部分稀缺资源的开采和消费，控制了尖端技术并左右着巨额资金流向。凭借技术优势、产品优势和组织优势，跨国公司可以在多个领域获得超额利润，加快在世界范围的资本积累，这反过来又促进了跨国公司的规模扩展，加强了其在国际经济中的垄断地位。

2. 跨国公司推行全球经营战略

跨国公司一般都经历了国内发展、跨国区域发展、全球发展三个阶段。在全球范围内寻求优势资源和实现最佳要素组合，是跨国公司发展的高级阶段。在全球发展战略目标下，各国、各地域的市场和经济资源都纳入跨国公司的统一规划中。分布在各国的子公司虽然独立核算，可以独立发展，但是，子公司的经营行为必须保障跨国公司整体在全球范围内的利益最大化。为此，根据各国的生产要素价格、成本、税率等，母公司要在一定程度上牺牲某些子公司的利润，从全球发展的角度安排生产经营，协调生产要素的国际流动。

3. 跨国公司实行高度集权的管理体制

跨国公司虽然投资于多个国家和地区，经营多个产业，组织规模庞大，但是大部分跨国公司都实行一体化的集中管理。母公司根据全球发展战略和各国的经济、市场条件，对投资方向、产品价格、市场分配、技术开发和利润分配等重大问题进行决策；子公司根据规划和决策，分散经营和组织生产，并及时向母公司反馈东道国的政治、经济信息，反馈计划执行的程度和问题，为集中管理提供依据。在母公司的协调下，子公司之间分工协作，互相提供市场信息。高度集中的一体化管理保证了生产企业的合理分布，避免了重复生产和销售中的自相竞争，保障了跨国公司的整体利益。

（三）跨国公司的类型

1. 按照跨国公司的业务扩展方向分

①水平扩展型跨国公司，是指其在海外设立的子公司或分支机构生产同种产品或经营同类业务。例如，服装公司在国外的投资扩展都集中在服装制造业；饮料公司的海外子公司都生产销售同一商标、同一配方的饮料。

②垂直扩展型跨国公司，是指在海外设立的子公司之间具有处于同一产品不同生产阶段的垂直生产联系。例如，电器公司在不同国家和地区分别设立电子元件生产、组装、销售子公司；汽车公司把从事冶金、零部件生产、马达生产、汽车组装、销售的子公司分布在不同国家。

③混合扩展型跨国公司，是指在海外设立的子公司分布在不同产业和不同产品的生产领域。例如，日本三菱公司、美国ITT公司分布在全球子公司的业务范围涉及贸易、机械产品、电子产品、金融、房地产、旅游等多个领域。

2. 按照跨国公司事业的空间分布分

①区域型跨国公司，是指其海外子公司集中分布在某一区域范围内。例如，许多中国香港跨国公司的子公司集中分布在东南亚地区，欧洲有些跨国公司的子公司集中分布在西欧和北美地区。

②全球型跨国公司，是指其所属子公司分布在全球各大洲。例如，日本的索尼公司、松下公司，美国的百事可乐公司、通用电气公司等在全球各区域都有生产企业或销售企业。

3. 按照跨国公司的资本国别结构分

①单国别资本型跨国公司，是指由一国资本在海外设立子公司形成的跨国公司。

②多国别资本型跨国公司，是指若干国家的资本联合起来，设立母公司，并在海外建立子公司，形成跨国生产经营体系。

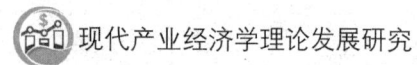

三、我国跨国公司的发展战略与对策

（一）工业化进程和产业结构的决定作用

1. 工业化进程决定了企业国际化的水平和跨国公司的规模

企业国际化或跨国公司发展是产业经济发展到一定阶段的产物。当一个国家的工业化程度较低时，其产品的附加价值较低，在国际市场上的竞争能力较弱，只能从国际市场交换中获得少量相对比较利益。同时，与工业化国家的企业比较，低工业化程度国家的企业缺乏技术优势、资本优势和组织优势，从而限制了企业开拓国际市场和国际投资领域的能力，限制了跨国公司的发展规模。

随着工业化水平的不断提高，其产品加工成本的国际比较优势扩大，出口获取的比较利益也增加了。工业生产技术水平的提高，相应地使产品在国际市场上的竞争能力增强，企业参与国际市场交换活动的规模也在逐步扩大。

工业化推动了资本集中度上升。有分析表明，企业平均规模与海外生产倾向有直接联系。因为企业投资海外生产要比产品出口投入更多的资本，承担更大的市场风险。只有较大规模的企业才具有直接投资、现地生产的能力。所以，发达国家的企业国际化程度和跨国公司发展都具有较高的水平。

2. 产业结构决定了出口结构和跨国生产结构

不论是产品出口还是跨国生产，都是一国经济在国际经济领域的延伸。一般来说，当一个国家处于工业化初、中期时，劳动密集型产品或初级产品在出口结构中占较大的比重。随着产业结构的演化，制造业所占的比重上升，劳动力的价格也在上升，出口劳动密集型产品的比较优势逐渐减少，贸易结构发生了变化。出口总额中，资本密集型产品的比重提高，劳动密集型产品所占的比重下降。在工业化后期，产业结构中高新技术产业的比重上升，带动精密机械、自动化设备等知识与技术密集型产品的出口量增加。同期，在跨国生产结构中，寻求实现技术优势的投资项目增加，跨国生产结构由资源利用型向技术应用型转变。

3. 工业化过程中，水平相近的国家之间互相借用市场空间，在对方设立跨国生产基地，有利于加快经济发展

在工业化过程中，不断涌现的新技术和新产品需要较大的市场空间，消化其开发投入，但是，受国内收入分配非平衡的制约，对于价格较高的新产品，有能力购买的消费者群体规模较小。企业向经济发展水平相近的国家出口新产品，或直接在发展水平相近的国

家投资生产，可以借用市场空间，为扩大生产规模、降低成本、进一步完善技术创造条件。两个发展水平相近的国家，其消费模式和消费结构也比较接近。所以，借用市场空间可以变小市场为大市场，这是发展水平相近的国家之间开展贸易和互相投资的重要原因。

（二）我国企业国际化与发展跨国公司的准则

1. 发挥优势，利用优势

企业国际化和发展跨国公司，是为了获得更大的经济效益。为了实现这一目标，就要在国际经济交往中，努力实现自我优势的价值，充分利用他国的优势。目前我国除了具有劳动力资源优势以外，在机械、电子、仪器、仪表、化工、建材、医药、纺织、农业等领域都有一批成熟的技术和生产能力。同时，发达国家的计算机、精密机械、通信等领域的技术水平远远高于我们。要获得较大的比较利益，就应依据我国现有的经济技术优势，针对国际市场的不同国家或地区，确定我国的市场和投资领域，使优势真正转化为国际竞争能力和经济收益。

2. 协调利益，稳步推进

在国际经济中，我国所有的企业和经济机构是一个统一的利益整体，在开展对外贸易和对外投资中，应该尽量避免盲目发展、互相争夺利益的现象。一哄而起，各自为战，不仅会造成整体利益的流失，还会影响我国企业和产品的信誉，影响长期发展。有关部门应根据我国经济发展现阶段的企业能力和对国际经济发展的预测，推出企业国际化战略和跨国公司发展的指导性文件，前瞻引导、稳定推进。

（三）我国跨国公司的发展对策

1. 我国发展跨国公司的条件分析

①国际市场结构的变化要求发展我国的跨国公司。当前国际竞争格局正进一步向经济全球化的方向发展。一方面，在这些经济集团和经济区域内部，各个国家互相开放市场，加强协调及弱化竞争，而对外部经济力量则实行排他性的对抗竞争政策，形成了区域市场分割和垄断；另一方面，欧美、日本等国家和地区通过设置关税壁垒和非关税壁垒阻止中国产品涌向本国市场。这种国际市场环境加大了我国以直接投资的方式进入国际市场的紧迫性，要求我们培育有竞争能力的跨国企业，以强制强，打破贸易壁垒。

②我国目前的外汇储备已达到一个很高的水平，同时，大量归国人员进入国内企业的高级管理层，增强了企业国际投资的能力。这些条件使我国企业有条件更深地参与国际经济，利用更多的发展机会。

2. 培育和发展我国的跨国公司

①推动贸易型企业向跨国经营和跨国生产转变。我国现在有一大批以国际市场为导向、生产出口产品的企业，这些企业在对外贸易中积累了大量资本和经验，其中的一些大企业有自己驻海外的销售机构和服务机构。通过政策扶持和组织调整，强化这些贸易型企业，推动它们由产品贸易国际化向跨国生产转变，是发展我国跨国公司的一个重要步骤。

②工贸结合，在统一规划下，建立海外销售网络和生产基地。我国的外贸企业对国际经济、贸易、技术等方面的信息有较灵敏的反应，与各国的经济联系较深，熟悉国际市场行情。但是，我国外贸企业生产技术基础薄弱，因此，实行技工贸结合，合作发展跨国企业，充分利用外贸企业的市场经验建立海外销售网络，利用工业企业的技术、生产条件建立海外生产基地，可以提高我国跨国公司的国际竞争能力，进入国际投资领域。

③培育有竞争力的企业集团向跨国公司转轨。我国的大企业集团通过联合积聚了大量资本、生产能力和自然资源，具有相对的竞争优势，是能够与国外企业竞争的唯一组织形式。企业集团向跨国公司转轨，涉及组织形式的调整。集团公司内部在原有分工基础上，应根据全球经营战略做重新调整，扩大生产经营规模，发挥跨国经营的竞争优势，培养跨国经营人才，在国际市场的竞争中不断发展壮大。

④制定相关法规和有利于跨国公司发展的组织政策，使我国企业的对外直接投资有法可依、有章可循，避免摩擦和矛盾。

⑤发展我国跨国公司的步骤要积极、稳妥。在实践中逐渐积累经验，避免投资损失。要抓住加强产品出口竞争力这一中心环节，同时发展技术和劳务出口，建立海外维修、信息网点，进而采取多种投资形式，建立海外生产企业。

第六章 产业集群与布局

第一节 产业集群

一、产业集群概述

（一）产业集群的内涵与特征

1. 产业集群的概念

有的学者将产业集群称为"区域企业的集群"，有的称为"产业区"，有的叫作"区域创新体系"等。

那么到底什么是产业集群呢？产业集群是一种独特的产业空间组织现象，是指在特定区域中，具有竞争与合作关系，且在地理上集中，有交互关联性的企业、专业化供应商、服务供应商、金融机构、相关产业的厂商及其他相关机构等组成的群体，即一定区域内相关产业的集中。

许多产业集群还包括由于延伸而涉及的销售渠道、顾客、辅助产品制造商、专业化基础设施供应商等，政府及其他提供专业化培训、信息、研究开发、标准制定等的机构。因此，产业集群超越了一般产业范围，形成特定地理范围内多个产业相互融合、众多类型机构相互联结的共生体，构成这一区域特色的竞争优势。产业集群发展状况已经成为考查一个经济体或其中某个区域和地区发展水平的重要指标。从产业结构和产品结构的角度来看，产业集群实际上是某种产品的加工深度和产业链的延伸，从一定意义上来讲，是产业结构的调整和优化升级。从产业组织的角度来看，产业群实际上是在一定区域内某个企业或大公司、大企业集团的纵向一体化的发展。

从产业集群的微观层次分析，即从单个企业或产业组织的角度分析，企业通过纵向一体化，可以用费用较低的企业内交易替代费用较高的市场交易，达到降低交易成本的目的；通过纵向一体化，可以增强企业生产和销售的稳定性；通过纵向一体化行为，可以在

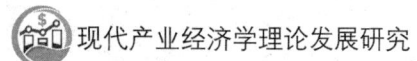

生产成本、原材料供应、产品销售渠道和价格等方面形成一定的竞争优势，提高企业进入壁垒；通过纵向一体化，可以提高企业对市场信息的灵敏度；通过纵向一体化，可以使企业进入高新技术产业和高利润产业等。

2. 产业集群的特征

通过对产业集群概念的分析以及发达国家产业集群的实践，我们认为产业集群具有以下的一些特征：

第一，产业集群的主要特征是资源要素的空间聚集。例如，美国的高科技、风险资本企业都集中在"硅谷"，影视娱乐业集中在好莱坞，软件、网络业集中在波士顿，汽车设备和零部件集中在底特律。意大利的丝绸、纺织和服装业集中在北部。日本的汽车工业集中在东京市。

第二，产业集群是群内企业实行的专业化分工。最常见的是以供应商—客户作为联结模式，如绍兴纺织业的化纤、织造、印染服装一条龙的产品关联，围绕该产业链还出现了纺机、染料助剂、纺织技术服务等辅助性行业，这些内在紧密联系并频繁互动的行业及其所属企业就构成了一个庞大的纺织产业集群。再如，温州低压电器产业，他们在配件生产、成品装配和销售之间构筑起一条产业链。产业集群内部还围绕产业链出现了一些服务性机构和行业组织等。

第三，产业集群内可以实现采购本地化。形成整个集群的成本优势。以温州低压电器集群为例，低压电器的配套件涉及金属部件、合金材料、注塑部件、冲制、酸洗及模具加工等共计几十万种，其中，有70%能在柳市采购，对那些须向外部采购的原材料和部件，其供应商也因集群吸引力而在当地设立办事处。产业链的当地化不仅降低了柳市企业的采购和供应成本，更重要的是大大地便利了上下游企业之间的沟通互动，从而为双方在技术创新中协作创造了条件。

第四，产业集群内部多以中小企业为主。产业内部的单个企业绝大部分属于中小企业，规模不大，但是整个集群却具有显著的规模优势和很高的市场占有率。

第五，集群产品销售具有极强的市场渗透力。部分集群在发展过程中形成了产业集群和地区专业市场互动发展的局面。市场渗透能力强是中小企业产业集群发展的一个显著特征，尤其是在集群快速成长时期。

第六，产业集群的发展是一个逐渐演进的过程。集群成员从互相选择到密切协作需要时间的积累，集群中的组织结构、相互依存方式和程度是动态调整的。

（二）产业集群对产业发展的重要意义

产业竞争力是一个国家或地区产业对该国或该地区资源禀赋结构（比较优势）和市场

环境的反映和调整能力。同一产业相关的企业群居在一起，相互竞争和协作，对提高产业的竞争力有很强的促进作用。现代组织理论认为，产业集群是创新因素的集群和竞争能力的放大。波特教授认为，产业在地理上的集聚，能够对产业的竞争优势产生广泛而积极的影响。从世界市场的竞争来看，那些具有国际竞争力的产品，其产业内的企业往往是群居在一起而不是分散的。

1. 产业集群有利于提高产业竞争能力

一般说来，当产业集群形成后，将可以通过多种途径，如降低成本、刺激创新、提高效率、加剧竞争等，提升整个区域的竞争能力，并形成一种集群竞争力。这种新的竞争力是非集群和集群外企业所无法拥有的。也就是说，在其他条件相同的条件下，集群将比非集群更具有竞争力。集群加剧了竞争，竞争是产业获得核心竞争力的重要动力。竞争不仅表现在对市场的争夺，还表现在合作上。产业集群的最重要特点之一，就是它的地理集中性，即大量的相关产业相互集中在特定的地域范围内。由于地理位置接近，产业集群内部的竞争自强化机制将在集群内形成"优胜劣汰"的自然选择机制，刺激企业创新和企业衍生。在产业集群内，大量企业相互集中在一起，既展开激烈的市场竞争，又进行多种形式的合作。例如，联合开发新产品，开拓新市场，建立生产供应链，由此形成一种既有竞争又有合作的合作竞争机制。这种合作机制的根本特征是互动互助、集体行动。通过这种合作方式，中小企业可以在培训、金融、技术开发、产品设计、市场营销、出口、分配等方面，实现高效的网络化的互动和合作，以克服其内部规模经济的劣势，从而能够与比自己强大的竞争对手抗衡。在产业集群内部，许多单个的、与大企业相比毫无竞争力的小企业一旦用发达的区域网络联系起来，其表现出来的竞争能力就不再是单个企业的竞争力，而是一种比所有单个企业竞争力简单叠加起来更加具有优势的全新的集群竞争力。集群使许多本来不具有市场生存能力的中小企业，由于参与了集群，不但生存了下来，而且还增强了集群的整体竞争力。

2. 产业集群有利于加强集群内企业间的有效合作

在绝大部分市场经济国家中，企业都是创新体系主体，因此，企业之间的技术合作和其他的非正式互动关系就成了知识转移的最直接、最重要的形式。企业间合作的基础是信任而不是契约，没有企业之间和企业领导人之间的深刻信任，任何形式的契约都难达合作的预期目标。集群的发展正好符合了这方面的要求，集群运行机制的基础便是信任和承诺等人文因素。群内的企业因为地域的接近和领导人之间的密切联系，形成共同的正式或非正式的行为规范和惯例，彼此之间容易建立密切的合作关系，从而减少机会主义倾向，降低合作的风险和成本。因此其合作的机会和成功的可能性无疑会大大增加。现代组织理论预言，产业内企业的联合形式很可能是未来的潮流，它将取代公司之间一对一的竞争，供应商、客户，甚至竞争者将走到一起，共同分享技能、资源，共担成本。

3. 产业集群有利于增加企业的创新能力

集群不仅有利于提高生产率，也有利于促进企业的创新。这种创新具体体现在观念、管理、技术、制度和环境等许多方面。一般地讲，集群对创新的影响主要集中在三方面：第一，集群能够为企业提供一种良好的创新氛围。集群内企业彼此接近，会受竞争的隐形压力，迫使企业不断进行技术创新和组织管理创新。由于存在竞争压力和挑战，集群内企业需要在产品设计、开发、包装、技术和管理等方面，不断地进行创新和改进，以适应迅速变化的市场需要。一家企业的知识创新很容易外溢到区内的其他企业，因为这些企业通过实地参观访问和经常性的面对面交流，能够较快地学习新的知识和技术。在产业集群中，由于地理接近，企业间密切合作，可以面对面打交道，这样将有利于各种新思想、新观念、新技术和新知识的传播。第二，集群有利于促进知识和技术的转移扩散。产业集群与知识和技术扩散之间存在着相互促进的自增强关系。在新经济时代，产业布局不再像工业经济时代各行各业简单地聚集在一起，而是相互关联、高度专业化的产业有规律地聚集在一个区域，形成各具特色的产业集群。集群内由于空间接近性和共同的产业文化背景，不仅可以加强显性知识的传播与扩散，而且更重要的是可以加强隐性知识的传播与扩散，并通过隐性知识的快速流动进一步促进显性知识的流动与扩散。产业集群内由于同类企业较多，竞争压力激励企业的技术创新，也迫使员工相互攀比，不断学习；企业间邻近，带来了现场参观、面对面交流的机会，这种学习、竞争的区域环境促进了企业的技术创新；集群内领先的企业会主导产业技术发展方向，一旦某项核心技术获得创新性突破，在集群区内各专业细分的企业很快会协同创新，相互支持，共同参与这种网络化的创新模式。第三，集群可以降低企业创新的成本。由于地理位置接近，相互之间进行频繁的交流就成为可能，为企业进行创新提供了较多的学习机会。尤其是隐性知识的交流，更能激发新思维、新方法的产生。由于存在"学习曲线"（Learning Curve），使集群内专业化小企业学习新技术变得容易和低成本。同时，建立在相互信任基础上的竞争合作机制，也有助加强企业间进行技术创新的合作，从而降低新产品开发和技术创新的成本。

4. 产业集群有利于形成"区位品牌"

产业集群具有地理集聚的特征，因此，产业关联企业及其支撑企业、相应辅助机构，如地方政府、行业协会、金融部门与教育培训机构都会在空间上相应集聚，形成一种柔性生产综合体，构成了区域的核心竞争力。此外，集群的形成使政府更愿意投资相关的教育、培训、检测和鉴定等公用设施。随着产业集群的成功，集群所依托的产业和产品不断走向世界，自然就形成了一种世界性的区域品牌。"区位品牌"即产业区位是品牌的象征，如法国的香水、意大利的时装、瑞士的手表等。单个企业要建立自己的品牌，需要庞大的资金投入，然而企业通过集群，集群内企业的整体力量，加大广告宣传的投入力度，利用群体效应，容易形成"区位品牌"，从而使每个企业都受益。区位品牌与单个企业品牌相比，更形象、直接，是众多企业品牌精华的浓缩和提炼，更具有广泛的、持续的品牌效应。

二、产业集群的类型

作为一种产业活动在特定空间聚集特殊经济现象，产业集群在现实中有各种各样的表现形式。对产业集群的分类，目前主要有两种：一种是马库森的产业集群分类；另一种是联合国贸易与发展组织（UNCTAD）的分类。

（一）马库森的产业集群分类

美国经济学家马库森在1996年《产业区的分类》一书中关于产业集群分类是世界上提出较早，在国际上引用较多的分类。他根据对美国、日本、韩国、巴西四个国家新兴产业区的研究，将产业集群分为以下四类：

1. 马歇尔式产业区

主要是中小企业的聚集区。其突出特征是集群内以中小企业居多，这些企业的产品多从属于同一个产业供应链条，企业之间有密切的生产联系，专业化程度强。有人也把这种产业集群称为意大利式产业集群。

2. 轴—辐产业区

主要是以一个或多个主要企业为中心的聚集区。轴—辐产业区是以相对少量的关键企业或设施为核心，以大量服务核心企业的供应商或其他企业为辅助的产业集群形式。例如，在美国西雅图以波音公司为核心形成的飞机制造相关产业集群，在日本丰田市以丰田公司为核心的汽车产业生产基地等。其突出特征是大量中小企业非常依赖大的核心企业。

3. 卫星平台式产业区

主要是由跨国公司的分支机构组成的聚集区。卫星平台式产业区是由总部在其他地区的大型企业分支机构或分厂设施的集合，常常是由在相对落后地区或在城市边缘地带所设立的开发区的形式发展而来。其特征是，产业区中的企业或机构之间在生产上的合作很小，区内联系不多，而与区外总部之间的联系交流则非常普遍。

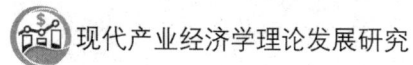

4. 国家主导型产业区

主要是以国家公共利益为导向型的企业的聚集。国家主导型产业区是由各种公共或非营利的主体为核心所形成的一种特殊的产业集群形式，其突出特征是区内政治联系的作用大于经济联系。区内的企业或机构多服务军事、国防或科研教育等目的，如美国的圣地亚哥军事基地等。

(二) 联合国贸易与发展组织的产业集群分类

联合国贸易与发展组织（UNCTAD）在 1998 年将产业集群分为两大类别，共计五种形式。

1. 非正式产业集群

非正式产业集群是发展中国家和欠发达国家产业集群的主要形式，集群内大量的中小企业，其技术水平落后于产业的前沿水平。工人的技能水平低、设备落后，企业间缺乏信任，没有共享信息的传播，集群内竞争残酷，企业间几乎没有合作。

2. 有组织的产业集群

有组织的产业集群是以集体化的建构过程为特征的，共同分析和解决在公共基础设施与服务方面的共同问题。集群内的企业仍以中小企业为主，但总体上拥有较高的技术水平，其突出特征是企业的合作与网络已经形成，企业之间非常重视合作。

3. 创新性产业集群

这种产业区主要集中于发达国家，也有少数在发展中国家，如印度班加多尔的软件产业集群和巴西圣卡特林娜岛的陶瓷产业集群。集群内的企业主要从事知识密集型的生产活动，拥有较强的产品设计与工艺创新及技术适应能力。企业都拥有不断创新的职能和较强的国际竞争能力，产品大量出口。集群内很多中小企业为大企业提供零部件生产服务，大企业为小企业提供技术平台和技术指导。

4. 科技产业园区和创业园区

科技产业园区和创业园区是政府科技与贸易政策下的产物，集群内的企业以中小企业为主，企业的技术水平由低到高，创新能力一般，企业间的信任度低，企业间的合作不多。这种产业集群在中国较多。

5. 出口加工区

出口加工区是政府科技与贸易政策下的产物，集群内既有大企业，也有中小企业，企业的技术水平一般，创新不多，企业间的信任度低，竞争比较激烈。这种产业集群在墨西哥比较典型。

以上五种形式分成两大类：前三种被称为"自发型"产业集群，后两种被称为"开发型"产业集群。

三、产业集群的竞争优势

产业集群这种特殊的产业现象受人关注的根本原因在于这种产业组织形态所表现出来的强劲持久的竞争优势。波特就曾说过："一个国家或地区在国际上具有竞争优势的关键是产业的竞争优势，而产业的竞争优势又来源于彼此相关的产业集群。"

（一）产业集群竞争优势的表现

一般认为产业集群的竞争优势包括五方面：

1. 资源优势

主要表现为 4 方面：

（1）资源吸引效应

是指因产业集群示范作用而对直接联系的物资、技术、人力资源和各种配套服务的吸引效应，使集群内的企业更容易、快捷和节约地获得所需的资源。

（2）素质提升效应

是指在集群的竞争机制和学习效应的作用下，集群内企业的技术人员和工人的技能不断提高，设备不断地改进，新产品和新工艺不断涌现等，使这些资源要素的素质得以不断提升。

（3）提高资源利用效率

一方面来自企业间分工协作所产生的资源互补，另一方面来自企业业务外包所带来成本的节约和效益的提高。

（4）优化资源配置

是指在集群区资源要素高度聚集的条件下，更便利资源要素向有竞争力的优势产业配置。

2. 成本优势

表现在四方面：一是集群内企业紧密相邻，信息交流频率高所带来的信息费用的减少；二是产业集群常聚集大量来自农村或外地的劳动者，劳动力成本低；三是地理距离短，运输、订货和库存费用低所带来的流通成本的下降；四是各种生产要素的聚集及信息的灵敏能够带来新产品开发试制成本的降低。

3. 创新优势

主要表现在五方面：一是竞争压力下产生的创新的激励效应迫使企业提升产品质量或实施差异化竞争；二是由于区位接近、经济联系频繁、信息交流便捷所产生的创新集体学习效应；三是众多企业相互竞争、相互学习所产生的创新文化氛围；四是各类高校、科研单位、培训机构、行业协会等大量提供研究开发技术支持的机构形成创新的服务体系；五是区内人际关系网络所形成的创新人际环境。

4. 市场优势

主要有三方面：一是企业集群利用自身的区位、产品分工体系所形成的产销网络有利于促进专业市场的建设；二是大量"小而特""小而精""小而专"企业的迅速壮大和提升使该地区形成综合品牌效应；三是借助集群企业的相互协作，一些中小企业可以增强竞争能力，开拓国际市场。

5. 扩张优势

产业集群的扩张可以分为三种方式：一是横向规模扩张，即由于集群的各种优势不断吸引新的外来投资和新企业的进入；二是纵向规模扩张，即在原有产品和产业之外不断拓展上下游产业，同时组建大量配置企业和服务性行业；三是整体合力扩张，即企业集群与小区域经济的耦合强化了企业间的合作，集群企业出现了日益细化的社会分工，提高了产业的整体合力，加速了企业集群的对外扩张。

(二) 产业集群竞争优势的培育

产业集群的竞争优势并非与生俱来，而是集群发展到较成熟的阶段才呈现的，这说明我们在集群的发展过程中，要有意识地培育和发挥集群的竞争优势。

1. 积累企业战略性资源

按照基于资源的企业理论的观点，企业核心竞争能力来自其特有的、稀缺的而且外部成员不可模仿的资源和能力，这类资源和能力就是企业的战略性资源。处在产业集群中的企业，其特有的战略性资源主要包括基础设施、产业氛围、社会资本以及特有品牌和技术等。因此，培育产业集群的竞争能力必须注重各种战略性资源的积累，改善基础设施条件，经营产业集群的共有文化和氛围，促进社会资本的形成和积累等。

2. 挖掘集群成本优势

通过集群获取规模经济和范围经济来降低成本是产业集群形成和发展的主要原因之一。

产业集群应积极为上述各项成本有关的经济活动提供便利，通过组建专业化的统一市场，建立企业互信机制、专业劳动力的引进和培育等措施为产业集群发挥成本优势创造条件。

3. 培植产业创新升级能力

根据产业集群的生命周期演进规律，产业集群必须不断创新，推动产业集群不断升级才能使产业集群始终保持活力。产业集群创新升级包括集群的产品组织创新、产业技术创新、产业价值创新和产业环境创新等多方面。

4. 优化集群组织协作能力

产业集群是一种特殊的网络组织结构，其实际上是试图通过这种方式在内部组织结构和外部市场结构之间寻找一种更优的资源组织形式。

"森林效应"：一棵树如果孤零零地生长于荒郊，即使成活也多半是枯矮畸形；如果生长于森林中，则枝枝争抢水露，棵棵竞取阳光，以至参天耸立郁郁葱葱。管理专家将此现象称为森林效应。森林效应告诉我们：个人的成长是在集体中通过与人交往、与人竞争而成长的，集体的要求、活动与评价和成员素质等都对个人成长具有举足轻重的作用。良好的集体往往造就心智健康的人，不良的集体往往造就心智不健康的人。

5. 培育产业市场开发能力

产业集群的经济活动所产生出来的最终产品价值主要是通过外部市场来实现的，市场是产业集群发展的引擎。产业集群的市场开发应立足集群拥有的比较优势。

（三）产业集群对集群内企业创新的推动作用

产业集群的发展壮大来自其独特的竞争优势，而产业集群的竞争优势则是通过集群的不断创新来实现的。创新使产业集群保持旺盛的生命力和活力。产业集群有利于创新，产业集群对集群内的企业创新具有重要的作用，这表现在：

1. 集群内容易产生知识溢出效应

知识溢出和知识传播都是知识扩散的方式。知识传播是知识的复制，而知识溢出则是知识的再造。知识溢出过程具有连锁效应、模仿效应、交流效应、竞争效应、带动效应、激励效应。新经济增长理论和新贸易理论都认为，知识溢出和经济增长有密切的联系。知识是追逐利润的厂商进行投资决策的产物，知识不同于普通商品之处是知识有溢出效应。但有些知识如凭经验累积而发展起来的知识难以具体化、系统化，没有人际间的频繁接触很难溢出，而产业集群在人际间接触的面广，接触的频率高，经验具有透明度，显然，处在集群中的企业很容易获得研究开发、人力资源、信息等方面的外溢效应。

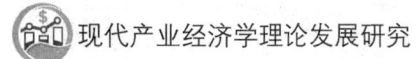

2. 集群内企业容易获得创新资源

创新资源越容易获得，创新越有优势。创新资源主要包括人才、资金、技术和信息等，而这些在产业集群中是容易获得的。由于集群中相互联系的相关产业的存在，为居于其中的企业获得投入要素提供了一个便利的专业化的供应源，这种供应源的存在可以使企业迅速地获得所需的配置并进行整合。

3. 集群内容易产生追赶效应和拉拔效应

在其他条件相同的情况下，如果一国开始时较穷，它要迅速增长是容易的。这种初始状况对持续增长的影响在宏观经济学里被称为"追赶效应"。"三穷帮一富，再富也不富，三富帮一穷，再穷也不穷"，这就是"拉拔效应"。

产业集群内企业之间相互了解，相互影响，由于攀比心理的作用，企业间的竞争会加剧，后进的企业更容易模仿先进企业，先进企业为保持竞争优势会更加努力创新，另外由于集群内部相关产业间的相互支撑，集群内的某些产业可以因为集群内那些先进产业的发展而发展。

4. 集群具有巨大吸聚作用

产业集群的规模越大，其吸引力也就越大，就越会有更多的厂商加入其中。企业聚集度越高，其专业化分工就越发达，越有利于创新。

5. 集群内企业容易形成文化的根植性

产业集群容易形成一种相互依存的产业关联和共同的产业文化，并且创建一套大家共同遵守的行业规范，从而加快了新思想、新观念、信息和创新的扩散速度，节省了产业集群的交易成本，推动了产业集群的创新，这种特性称为根植性。

第二节 产业布局

一、产业布局概述

与产业转移一样，产业布局也是一种产业实践当中的社会经济现象，它随着人类社会的进步以及生产和生活空间扩展到一定程度的必然产物，具有一定的规律性。

（一）产业布局的概念及影响因素

产业布局影响一个国家或区域经济发展水平，同时自身也受制多重因素的影响。

1. 产业布局的概念

产业布局属于产业发展规划的范畴，是指一个国家或一定区域内产业各部门、各要素、各环节在地域上的动态组合与分布。简单地说，产业布局就是产业在空间上的组合与分布。产业布局在静态上看是指形成产业的各部门、各要素、各链环在空间上的分布态势和地域上的组合。在动态上，产业布局则表现为各种资源、各生产要素甚至各产业和各企业为选择最佳区位而形成的在空间地域上的流动、转移或重新组合的配置与再配置过程。

2. 产业布局的影响因素

产业布局总要依赖一定的经济条件，也会受地理环境、经济文化环境、制度环境等因素的影响，总是在一定的地理空间布局。这些条件主要有地理位置、自然条件和自然资源、人口和劳动力、科学技术和社会经济条件等。任何地区产业布局的特点都是由该地区上述条件决定的，由于不同产业部门对布局的条件要求不同，因而使不同地区适宜发展不同的产业部门，同一产业部门布局在不同地区也会产生不同的经济效果。

（1）地理位置因素

地理位置是影响国家和地区经济发展的重要因素，它能加速或延缓地区经济的发展。因为地理位置不仅关系自然条件，而且关系交通、信息和一系列社会经济条件。

地理位置对第一产业布局有重要的影响。第一产业主要是农业，由于受光、热、水、土等条件的严格限制，因此，在地球上，处于什么样的地理位置，就决定了该地区第一产业的发展方向。同时，农业生产也受当地运输条件以及相应的市场供求制约。地理位置反映地区多种生产条件，地理位置的优越与否，即表现在这些方面的差异上。

地理位置对第二、第三产业布局也有直接的影响。世界上许多地方的产业并非都分布在能源基地、矿产和其他原料地，而是分布在地理位置优越、交通方便的地方，如综合运输枢纽、海港、铁路沿线等，多为不同规模的加工中心，并汇集众多的第三产业部门。地理位置还可以直接影响地区自然资源的开发顺序，那些交通方便、距离经济发展中心较近的地区资源，因其经济价值较大，总是首先得到开发。

（2）自然因素

自然因素包括自然条件和自然资源两方面。自然条件是人类赖以生存的自然环境，既包括未经人类改造、利用的原始自然环境，也包括经人类改造利用后的自然环境。自然资源是指自然条件中被人利用的部分。自然因素是产业布局形成的物质基础和先决条件。

自然资源对第一产业有决定性的影响。由于第一产业的劳动对象直接来自大自然，各种自然资源分布的地区，也就是相应的第一产业分布的地区。同时，各种农作物、不同种类的树木、禾草等的生存环境不同，对自然条件的要求也各有不同，所以自然条件、自然资源直接制约第一产业的布局。土地资源、气候资源、水资源与生物资源共同的综合作用，决定了大农业生产的地域分布。

自然资源间接影响第二、第三产业布局。自然因素对第二、第三产业布局的影响，主要是通过第一产业发挥作用的。自然资源对第二产业的影响主要有重工业中的采掘业、材料工业、重型机械，以及以农产品为原料的轻工业和食品工业，它们多分布在工业自然资源或农业自然资源较丰富的地区。另外，工厂厂址的地形、面积、工业用水等也离不开自然条件，有些地区还深受这些条件的限制。自然因素对第三产业的影响，突出表现在对旅游业的作用。深山老林、高山峡谷、荒漠草原等，呈现了原始自然美，是不可多得的旅游资源。

在市场经济与竞争的条件下，产业活动势必首先向最优的自然条件与自然资源分布区集中，形成一定规模并各具特色的专业化生产部门，进而完成产业劳动地域分工的大格局。例如，世界大型重工业区，都是在当地丰富的煤或铁资源的基础上发展起来的。世界主要谷物产区，都分布在地势平坦、土壤肥沃、气候适宜的地区。平原区利于大规模现代化耕作、灌溉，有开阔的场地供制造业、建筑业使用和发展各种运输线路，是最优的产业布局场地。山区、丘陵多地势起伏，影响对内、对外的经济联系，不宜发展需要保鲜的果品业和消耗原、燃料多的制造业。盆地地区空气流通差，不宜发展冶金、化工等工业。气候除对农业影响最大外，对水利枢纽、航海航空、露天采矿、飞机制造以及旅游业等影响也很大。水不仅影响农业布局，还可以直接用作工业原料，内河航运、海洋航运则直接使用水的浮力。动植物的分布也决定了某些产业的布局，如亚欧、北美大陆北部是温带针叶林带，该地区就成为世界木材的主要供应地和造纸业的集中分布区。

（3）人口因素

人既是生产者又是消费者。这两方面的属性对产业布局都有深刻的影响。人口数量对市场规模和资源开发程度有较大的影响。一般来说，充足的人口，特别是充足的劳动力资源可能充分利用自然资源，发展生产，在产业安排上，通常以劳动密集型产业为主；而在人口较少地区，大多布局可以有效利用当地自然条件、自然资源的优势产业，以利于提高劳动生产率，弥补开发地区的高投资。人口质量或人口素质对产业布局有重大的影响。人口质量的高低是与一定的生产力水平相联系的，高质量的人口和劳动力是发展高层次产业，即技术密集型产业的基础。

作为消费者的人对产业布局的影响巨大。人口的消费状况对产业布局有明显的影响。各个地区人口数量、民族构成和消费水平的差异，要求产业布局与人口的消费特点、消费数量相适应。例如，特大城市都分布着本市人口消费服务的大城市工业（以针织、制鞋、玻璃、家具等工业为主）和城市农业（以蔬菜、花卉、牛奶等现代农业为主）。此外，人口的性别、年龄、民族、宗教差异，导致了市场需求特征的多样性，要求产业布局根据不同情况，有针对性地选择项目种类和规模，最大限度地满足各种层次人口的物质文化生活需要。

（4）社会经济因素

影响产业布局的社会经济因素主要有历史基础，市场条件，国家的政策、法律和宏观调控，国内、国际政治条件，价格与税收条件等。

产业布局具有历史继承性，已经形成的社会经济基础对再进行产业布局具有重大影响。一般来说，在原有经济基础较好的地区，再进一步发展可以利用原有的基础设施，会对产业布局产生积极的影响。但同时还要看到，原有历史基础是在过去生产力水平下形成的，不可避免地存在一些问题，如结构不合理，或布局零乱，或设施落后、污染严重等。在进行产业布局时，就要根据具体情况，充分利用积极因素，改变其不利的方面，使产业布局合理化。

随着商品经济的发展，市场已成为影响产业布局的一个越来越重要的条件。首先，市场需求影响产业布局，无论是在地区、地点布局还是厂址的选择上，都必须以一定范围内市场对产品的需求量为前提。其次，市场的需求量和需求结构影响产业布局的部门规模和结构，是形成主导产业、辅助产业以及有地方特色的产业地域综合体的指南。再次，市场竞争可以促进生产的专业化协作和产业的合理聚集，使产业布局指向更有利于商品流通的合理区位。因此，产业布局时，必须首先通过市场调查、预测，了解市场需求状况，以便合理布局。最后，还要根据市场行情的变化趋势，及时调整产业结构，从而改变产业布局，以适应市场变化的需要。

任何一个国家的经济发展都必须有一个良好的国内、国际政治环境，一个政局不稳、动荡不安的国家，其经济很难获得发展，当然也就谈不上合理的产业布局。新中国成立初期，由于当时的国际环境，我国不得不把沿海的一些工业迁往内地，并重点进行东北工业基地的建设。自改革开放以来，由于国际环境的变化，我国又将投资重点放在东部沿海一带，这一政策的变化，促进了我国东部经济的优先发展。

（5）科学技术因素

科学技术是构成生产力的重要组成部分，是影响经济发展与产业布局的重要条件之一。

技术进步不断地拓展人们利用自然资源的深度和广度，使自然资源获得新的经济意义。例如，由于选矿、冶炼技术的进步，使品位较低的矿物资源获得了工业利用的价值。这将使原料、动力资源不断丰富，各类矿物资源的平衡状况以及它们在各地区的地理分布状况不断改善，从而拓展产业布局的地域范围。同时，技术进步能提高资源的综合利用能

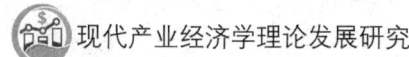

力，使单一产品市场变为多产品的综合生产区，从而使生产部门的布局不断扩大。

技术进步不断地改变着产业结构，特别是随着新技术的出现，往往伴随着一系列新的产业部门的诞生。这些产业部门都有不断的产业布局指向性，这就必然对产业布局状况产生影响。随着技术的进步，生产力的提高，三次产业结构也不断变化，使人类生产、生活的地域和方式出现了很大变化，这将导致城市变化趋势，从而对产业布局产生影响。

（二）产业布局的基本原则

产业布局一般应遵循全局原则、经济效益原则、比较优势原则、集中与分散相结合的原则、可持续发展原则等。

1. 全局性与长远性原则

产业布局要站在全局的高度，从长远出发，考虑不同区域的不同条件，确定不同地域的产业规划与产业布局。产业布局还是一个全局性的系统性工作。

2. 经济成本与效益原则

产业布局合理与否的基本标志是耗能最低、效益最大，产业布局必须考虑经济成本与经济效益。

3. 比较优势原则

产业布局必须考虑各地的资源条件，特别是原材料条件、市场条件、能源条件、劳动力条件、资金条件、技术条件等。产业要布局在条件相对较好的区域才能够取得较好的经济效益。

4. 集中与分散相结合的原则

产业在区位上的相对集中，既是社会化大生产的客观要求，也是社会扩大再生产、提高经济效益的有效组织形式。但是，产业集中必须在合理的限度内才能够取得好的效益，产业的过分集中不仅会影响其他区域经济社会的发展，而且会带来城市地价暴涨、水源不足、能源紧缺、交通拥挤、公害严重、环境污染等一系列社会及生态问题。

5. 可持续发展原则

产业布局不能以牺牲将来发展为代价，不能为了眼前利益而对自然资源进行不合理的开发利用。

（三）产业布局的基本规律

产业布局既然是一种经济现象，就必须在产业发展规划的宏观背景下遵循一定的经济规律。

1. 产业布局必须适应生产力的发展水平

一般来说，有什么样的生产力水平，就只能提供什么样的产业布局条件、内容、形式和特点。这是任何社会形态下都发挥作用的普遍规律，三次产业革命带来的产业布局的影响及产业布局的变更均说明了这一规律。

2. 产业布局必须适应区域自然及资源条件的差异性

区域产业发展条件是产业布局的基础。只有通过劳动地域分工，充分发挥各自的比较优势，尊重各自的产业发展条件，才能使产业布局合理，实现经济效益最大化。

3. 产业布局必须遵循"分散—集中—适度分散"的演变规律

产业从分散到集中是产业发展的基本规律之一，但当产业集中达到一定的程度时，就会出现因太集中而出现的不经济问题，如环境恶化、交通拥挤、资源紧缺等。此时，产业布局就应该由集中转向适度的分散。

近代产业在空间布局上的演变过程是由两种作用力交互作用而形成的，即产业空间聚集过程和产业空间扩散过程。这两种过程相互依存又相互制约，并在一定条件下互相转化。产业的聚集和扩散在空间上的运动表现为聚集过度常成为促进扩散的契机，而只有适当扩散才能保证产业聚集规模适度、结构优化。但在市场机制的自然作用下，往往促进过度聚集，而由科技进步所促使的产业结构调整，往往形成新一轮的产业扩散运动。扩散的结构则在更大区域范围内形成新的产业聚集体。当这些大大小小的产业聚集体在空间上互相接近且日益密切时，我们便有可能将其视为一个更大的产业聚集体，即产业密集带。

产业密集带的空间演化大致经历如下阶段：第一阶段，由于国家经济发展，内部产生强烈的投资冲动，在某些区位较好的地区，一些有发展前途的产业部门得以建立起来，于是，这些地区便成为新的增长极。第二阶段，在增长极内，由于部门具有很强的联动效应，便在一个经济中心内，形成围绕主导部门、相关企业相互配合的生产系统。第三阶段，由中心城市向外延伸的交通网络呈辐射状向外扩散，围绕中心市场的卫星城和城市集团纷纷涌现。城市边缘区成为变化迅速的地区，郊区并入城市区，附近农业区域成为新的郊区。城市间专业化分工逐渐明朗，沿主要交通干线的点轴状产业系统开始形成，产业密集带的雏形日益明显地显露出来。第四阶段，产业密集带建设趋于成熟时期，经济实力强大，产业结构转换迅速，对内产业系统性提高，对外影响力加强，产业密集带作为贸易、金融、信息中心的职能和高科技新产品孵化器的职能日益重要。沿海、沿江、沿边主要交通干线，两条以上平行的复合式点轴系统所构成的具有一定纵深配置的产业密集带出现。各巨大产业带间呈现相互衔接、归并、融合的趋势，城市界限日益模糊，城市带连绵透

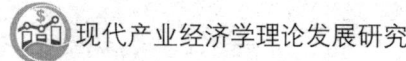

迤，可达数百上千公里。

由于产业密集带是大地域范围的空间系统，其形成和发展对国家经济起举足轻重的作用。因此它是国家总体发展规划的重要内容之一。在社会主义市场经济条件下，国家可通过制定总体发展战略和实施规划，制定相应的产业政策，规划重大的基础设施项目。通过制定相应的税收政策，调节银行利率，推动区域间横向联合，制定投资法规以吸引国内外资金，制订人才和劳动力流动规划、科技发展规划等干预产业密集带的运行。

4. 产业布局必须遵循区域差异与非均衡性规律

由于产业布局受诸多因素的制约，不同区域的资源差异性决定了产业布局的不均衡性。产业布局不可能平衡推进，必须根据不同区域的不同因素与区域差异实现产业的非均衡性发展。

二、地区性产业布局

地区性产业布局是地区产业运行在空间上的实现，它主要研究在地区经济发展的不同阶段，地区内部各产业空间组合的最佳形式和一般规律，以求合理地利用本地资源，求得最大的区域效果。

（一）地区性产业生长点及产业布局依据

产业布局必须有一定的基础，地区性的产业生长点对地方产业布局具有重要的影响。

1. 地区性产业生长点的选择

从产业运行规律的角度来看，地区经济发展的过程实质上是不断创造或引进新的产业、部门或产品，并在更大范围内扩散和发展的过程。是否不断有新产业或产品初创和发展，是地区产业结构升级的关键，也是地区经济发展的关键。由于地区发展的不平衡性，创新活动集中在少数城市或地区，这些有能力创造或引进、吸引和发展新兴产业、部门、技术和产品的城市和地区就叫产业生长点。地区性产业生长点的选择主要考虑如下 4 个因素：①资源禀赋条件；②经济发展水平；③基础设施水平；④人才、技术水平。地区产业生长点选择的具体条件因地区条件的不同而千差万别。在经济发展比较落后的地区，根据上述因素选择的具体条件可能是很低的，选择出来的产业生长点也许就是个中小城市。但是，对这些地区来说，新兴产业的技术层次也较低，因此中心城市也能胜任。相反，如果是在发达地区，作为产业生长点的就应该是发达的大城市或特大城市。

2. 地区性产业布局的依据

第一，地区产业布局要考虑自然环境上的类似性和关联性。自然环境上的类似性是指区域内主要的资源条件、经济发展水平、发展的潜力与问题、面临的任务和发展等方面具有近似性，这是地区性产业布局的客观基础。自然环境上的关联性是指区域内主要的资源条件、经济发展水平、发展的潜力与问题、面临的任务和发展方向等相互牵连和影响的关系。自然环境上的类似性与关联性相适应，区内自然环境之间稳定、合理、密切的关联性可以使区内经济得以成为整体，为实现本地区的主要目标服务。

第二，地区产业布局要考虑经济发展与布局现状的相似性和互补性。地区性产业布局既要从历史上已经形成的社会劳动分工的特点出发，充分考虑本地区经济发展现状（产业结构与发展水平等），更要预测未来，兼顾未来发展方向的一致性，要保证经济发展与布局现状有相似性和互补性。

第三，地区产业布局要考虑是否拥有实力雄厚的经济中心。经济中心是组织和协调区域发展的核心，它可以把区域内各部门、各区域、各级城市的经济活动凝聚成一个整体。经济中心的规模和经济实力不同，对周围地区的辐射和吸引范围也不同，它决定该地区内产业的规模、级别和经济发展水平。

第四，地区产业布局要考虑产业链式发展。前面我们讲过，产业链是产业经济学中的一个概念，是各个产业部门之间基于一定的技术经济关联，并依据特定的逻辑关系和时空布局关系客观形成的链条式关联关系形态。地区产业布局如果仅围绕当地产业链，将会产生巨大的产业集聚效应。

（二）地区性产业布局的基本走势

由于地区经济发展水平的每一次跃进都是通过产业结构的转化而实现的，因此，我们以产业结构水平的转化为基准来划分地区经济发展的成长阶段，并以此为线索来研究地区产业布局的走向。

1. 传统社会的产业布局

传统社会的产业布局问题实质上是农业布局问题。人们根据各地区农业生产的有利条件从事不同种类的种植业、林业和畜牧业的生产，以手工业和集市贸易为主的小城镇是地区经济活动的中心，并在一定程度上起组织区内商品生产和流通的作用。

2. 工业化初期的地区性产业布局

处于工业化初期的地区，其产业结构逐步由落后的农业向现代化工业为主的工业化结构转变，工业以原料指数较高的劳动密集型初级产品的生产为主，大多趋向布局在劳动力丰富的原材料产区。

3. 工业化社会中期的地区性产业布局

处于工业化中期的地区，其产业结构由以轻工业为主体转向重化工工业迅速增长，工业劳动力开始占主体，第三产业开始迅速发展。这一时期地区产业布局的重要内容是重化工工业的布局以及与此适应的城市体系布局和地区产业结构的塑造。

4. 工业化社会后期的地区性产业布局

工业化后期产业结构运行的特征是在第一、第二产业协调发展的同时，第三产业开始由平稳增长转入持续的高速增长，最终成为国民经济的主导产业。这一时期的地区性产业布局是工业化中期产业布局的继续和完善，逆城市化过程比较明显。第二产业，特别是基础原材料工业不断从中心城市扩散，使中心城市以及原来比较落后的地区得到了大规模的开发和发展。第三产业，特别是现代化的新兴第三产业则向中心城市集中，中心城市的服务和管理机能大大加强，并通过现代化的交通通信和服务网络把分散的工业企业及其他生产有机地联系为一个整体，促使区内经济协调有序地向前发展。

5. 后工业化社会和现代化社会的地区性产业布局

在后工业化社会，制造业内部结构进一步由以资本密集型产业为主导走向以技术密集型产业为主导，第三产业进一步分化，技术密集型和知识密集型产业开始从服务业中分离出来，并占主导地位。从发达国家的发展来看，这一时期的地区性产业布局呈现两种不同的趋势：第一，高度发达的交通通信和信息服务使产业布局和居民点布局呈现分散化的趋势；第二，产业布局的集中化趋势及特大城市带进一步扩展。

(三) 我国产业布局实践

产业布局既是客观存在的社会经济现象，又是区域产业政策作用的结果。全国性产业布局主要是从全国规模考查产业的空间联系、产业结构的适时转换与经济成长，及适应一国经济成长各阶段而进行的对产业布局总体框架的调整。

1. 我国产业布局的总体目标

我国产业布局的总体目标是实现产业的合理布局和经济资源在空间上的有效配置。具体是：

（1）效率目标

就是要通过产业布局追求整个国民经济较高的增长速度和良好的宏观效益。

（2）公平目标

就是要通过产业布局不断缩小区域间的经济水平和收入水平的差距。一般说来，效率和公平是此消彼长的。但从长远来看，两者的目标又是统一的。没有一定的发展速度和经济效率，就不可能积累足够的资金，用以支持落后地区的开发；而没有落后地区的开发，发达地区发展所需的原、燃料和市场也难以扩大，而且不利于社会的安定。所以国家在制定产业布局目标时，必须兼顾效率和公平，并根据社会经济的具体情况，确定两者的主从关系。面对我国现阶段区域经济发展的不平衡状况及其所产生的一系列不良后果，考虑我国实现小康的第二步战略目标，我国现阶段产业布局的总体目标应是适度倾斜、总体协调、效率优先、兼顾公平。

（3）生态平衡目标

就是要用生态平衡的观点作为原则来制定产业发展战略，看待和评价人类与环境有关的一项活动、目标。产业布局既要考虑生物种类（生物、植物、微生物）的组成和数量比例相对稳定，也要考虑非生物环境（包括空气、阳光、水、土壤等）的相对稳定。产业布局不能够破坏生态平衡。

（4）国家安全目标

国家安全是一个国家处于没有危险的客观状态，也就是国家既没有外部的威胁和侵害又没有内部的混乱和疾患的客观状态。国家安全目标是一个从国家层面思考的产业发展战略目标，就是说，国家的产业布局既要从国防角度进行战略考虑，也要从国家经济长期稳定健康发展的角度考虑。

2. 我国产业布局规划

（1）深入推进西部大开发

把深入实施西部大开发战略放在优先位置，更好地发挥"一带一路"倡议对西部大开发的带动作用。加快内外联通通道和区域性枢纽建设，进一步提高基础设施水平，明显改善落后边远地区对外通行条件。大力发展绿色农产品加工、文化旅游等特色优势产业。设立一批国家级产业转移示范区，发展产业集群。依托资源环境承载力较强的地区，提高资源就地加工转化比重。加强水资源科学开发和高效利用。强化生态环境保护，提升生态安全屏障功能。健全长期稳定资金渠道，继续加大转移支付和政府投资力度。加快基本公共服务均等化。加大门户城市开放力度，提升开放型经济水平。

（2）大力推动东北地区等老工业基地振兴

积极推动结构调整，加大支持力度，提升东北地区等老工业基地发展活力、内生动力和整体竞争力。加快服务型政府建设，改善营商环境，加快发展民营经济。大力开展和积极鼓励创业创新，支持建设技术和产业创新中心，吸引人才等各类创新要素集聚，使创新真正成为东北地区发展的强大动力。加快发展现代化大农业，促进传统优势产业提质增效，建设产业转型升级示范区，推进先进装备制造业基地和重大技术装备战略基地建设。支持资源型城市转型发展，组织实施好老旧城区改造、沉陷区治理等重大民生工程。加快建设快速铁路网和电力外送通道。深入推进国资国企改革，加快解决厂办大集体等问题。

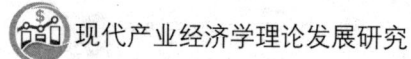

支持建设面向俄日韩等国家的合作平台。

（3）促进中部地区崛起

制订实施新时期促进中部地区崛起规划，完善支持政策体系，推动城镇化与产业支撑、人口集聚有机结合，形成重要战略支撑区。支持中部地区加快建设贯通南北、连接东西的现代立体交通体系和现代物流体系，培育壮大沿江沿线城市群和都市圈增长极。有序承接产业转移，加快发展现代农业和先进制造业，支持能源产业转型发展，建设一批战略性新兴产业和高技术产业基地，培育一批产业集群。加强水环境保护和治理，推进鄱阳湖、洞庭湖生态经济区和汉江、淮河生态经济带建设。加快郑州航空港经济综合实验区建设。支持发展内陆开放型经济。

（4）支持东部地区率先发展

支持东部地区更好地发挥对全国发展的支撑引领作用，增强辐射带动能力。加快实现创新驱动发展转型，打造具有国际影响力的创新高地。加快推动产业升级，引领新兴产业和现代服务业发展，打造全球先进制造业基地。加快建立全方位开放型经济体系，更高层次地参与国际合作与竞争。在公共服务均等化、社会文明程度提高、生态环境质量改善等方面走在前列。推进环渤海地区合作协调发展。支持珠三角地区建设开放创新转型升级新高地，加快深圳科技、产业创新中心建设。深化泛珠三角区域合作，促进珠江-西江经济带加快发展。

（5）推动京津冀协同发展

建设以首都为核心的世界级城市群，辐射带动环渤海地区和北方腹地发展。构建"一核双城三轴四区多节点"的空间格局。优化产业布局，推进建设京津冀协同创新共同体。北京重点发展知识经济、服务经济、绿色经济，加快构建高精尖产业结构。天津优化发展先进制造业、战略性新兴产业和现代服务业，建设全国先进制造研发基地和金融创新运营示范区。河北积极承接北京非首都功能转移和京津科技成果转化，重点建设全国现代商贸物流重要基地、新型工业化基地和产业转型升级试验区。

（6）推进长江经济带发展

坚持生态优先、绿色发展的战略定位，把修复长江生态环境放在首要位置，推动长江上中下游协同发展、东中西部互动合作，建设成为我国生态文明建设的先行示范带、创新驱动带、协调发展带。建设沿江绿色生态廊道，构建高质量综合立体交通走廊，优化沿江城镇和产业布局，提升长三角、长江中游、成渝三大城市群功能，发挥上海"四个中心"的引领作用，发挥重庆战略支点和联结点的重要作用，构建中心城市带动、中小城市支撑的网络化、组团式格局。

（7）扶持特殊类型地区发展

加大对革命老区、民族地区、边疆地区和困难地区的支持力度，实施边远贫困地区、边疆民族地区和革命老区人才支持计划，推动经济加快发展、人民生活明显改善。支持革命老区开发建设，推动民族地区健康发展，推进边疆地区开发开放，促进困难地区转型发展。

（8）拓展蓝色经济空间

坚持陆海统筹，发展海洋经济，科学开发海洋资源，保护海洋生态环境，维护海洋权益，建设海洋强国。

壮大海洋经济，优化海洋产业结构，发展远洋渔业，推动海水淡化规模化应用，扶持海洋生物医药、海洋装备制造等产业发展，加快发展海洋服务业。

第七章 现代产业体系与高新技术产业发展

第一节 现代产业体系

一、现代化经济体系与现代产业体系

习近平总书记明确指出，要贯彻新发展理念，建设现代化经济体系。

现代产业体系是现代化经济体系的首要内容。要建设好现代产业体系就必须按现代化经济体系的要求办事，局部必须服从总体。

我们要准确把握建设现代化经济体系的科学内涵，坚持质量第一、效益优先，以供给侧结构性改革为主线，加快建设现代化的产业体系和经济体制，不断增强我国经济创新力和竞争力，为确保实现"两个一百年"奋斗目标和中华民族伟大复兴的中国梦奠定坚实基础。

（一）迎接新时代，必须加快建设现代化经济体系

这是紧扣新时代我国社会主要矛盾转化，落实中国特色社会主义经济建设布局的内在要求；是适应我国经济已由高速增长阶段转向高质量发展阶段、跨越发展关口的迫切需要；是决胜全面建成小康社会、开启全面建设社会主义现代化国家新征程的基本途径。

（二）适应新要求，必须准确把握现代化经济体系的科学内涵

当前，我国经济已由高速增长阶段转向高质量发展阶段，客观上要求加快提质增效升级步伐，推动经济发展质量变革、效率变革、动力变革。要完成这样的变革，关键是以习近平新时代中国特色社会主义思想为指导，坚定不移贯彻创新、协调、绿色、开放、共享的新发展理念，牢牢抓住供给侧结构性改革主线，坚持"两个优先"，推动"三个变革"；加快"四个协同"，健全"三有体制"，建设适应发展新要求的现代化经济体系，解决好发展不平衡、不充分的问题。

①坚持质量第一、效益优先，推动现代化经济体系建设。

②加快建设实体经济、科技创新、现代金融、人力资源协同发展的产业体系。

③着力构建市场机制有效、微观主体有活力、宏观调控有度的经济体制。

（三）实现新发展，必须全力推进现代化经济体系建设新部署

新时代面临新形势，新征程昭示新使命。中国特色社会主义已经进入新时代，建设现代化经济体系任务艰巨、责任重大、使命光荣。我们要以党的十九大精神为统领，以习近平新时代中国特色社会主义思想为指导，牢固树立"四个意识"，努力增强"四个自信"，贯彻落实新发展理念，加快建设现代化经济体系，推动质量变革、效率变革、动力变革，努力实现更高质量、更有效率、更加公平、更可持续的发展。

①坚定不移深化供给侧结构性改革，着力实现供需动态平衡。

②加快建设创新型国家，着力推动新旧动能接续转换。

③实施乡村振兴战略和区域协调发展战略，推动城乡区域协调发展。

④深化重点领域和关键环节改革，加快完善社会主义市场经济体制。

⑤把握机遇扩大开放，推动形成全面开放新格局。

⑥抓重点、补短板、强弱项，着力保障改善民生和建设美丽中国。

二、现代产业体系的基本内涵

现代产业体系是现代化经济体系的主要组成部分。所谓现代产业体系，并非一种脱离原有产业形态的新型产业体系，而是在传统产业内融合了包括信息技术在内的信息化和现代化的相关内容，使产业体系具有了新的表现形式和运转模式。

信息技术和先进技术在提高劳动生产率、降低资源与能源消耗、增加生态环境效益等诸多方面，都有巨大的带动和推动作用。在现代技术组成中，在工业革命之后信息革命提供了最能改变人类生产方式的技术变革力量。尽管信息产业建立在工业革命已有成果之上，构成了现代产业体系的主要内容，但信息产业对现代产业体系的作用是其他产业代替不了的。信息产业和其他产业之间的关系既非并列关系，也非替代关系。这是由于信息化无法替代产业革命所实现的动力技术革命。信息技术主要用于提高信息效率，而非代替动力本身。因此，它必须在工业化的基础上才能产生自动化和数字化。也就是说，产业体系中只有融入信息技术的内容，才能提高自动化水平和技术效率。从这种意义上来看，信息化对产业进行改造才能全面实现产业体系的改观。二者不是替代与被替代的关系，也不是并列关系，而是改造与被改造、融合与被融合的关系。在产业体系中融入信息化的内容，才能对产业体系实行生产方式的改造，而改造的结果就会形成与传统产业体系全然不同的

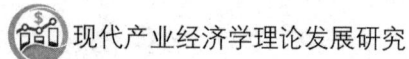

一种新型的、柔性的、创新的现代产业体系。

三、现代产业体系中的"三色"农业

现代大农业体系结构是由"绿""蓝""白"三色农业体系与腐屑生态体系构成的，各组成部分相互依存、相互渗透，互为资源、互为条件，共同组成现代产业体系中的大农业。

（一）绿色农业的基本内涵

所谓绿色农业，是以土、水、光、气为基础的传统绿色植物种植业及赖其生存的畜牧养殖业。随着科学技术的发展，以及人们经济环境意识的不断提高，传统绿色农业不断克服自身缺陷，在可持续发展原则指导下向多种模式发展。

传统农业存在使用化肥、农药以及采用饲料圈养的情况，对生态环境产生严重破坏，农业发展的未来方向是有机农业和生态农业。绿色农业以生态理论为基础，因地制宜地在某一区域内建立具有地区特征的农业体系。这种体系吸取了传统农业与现代农业的精华，但又有别于传统农庄式的农业。绿色农业作为传统农业绿色化特征的体现，是任何其他类型的种植和养殖所无法取代的，在所有的农业形式中占有最为重要的地位。

（二）蓝色农业的基本内涵

在当今世界各国备受土地短缺、环境恶化、人口膨胀等问题困扰时，以海洋为基础的水生农业，像耕种陆地一样耕种海洋，成为一种具有革命性的农业新形态。蓝色农业是指利用海洋和内陆水域以及低洼盐碱地等蓝色国土资源发展渔业和渔区经济，并以此带动水生动植物开发利用的相关产业。

但蓝色农业并非生态型农业，过度的开展和不良利用对海洋生态同样具有破坏作用。首先，我国沿海地区的海水养殖区大多分布在沿海港湾和河口附近水域，这些水域同样是陆地和水上排污的主要收纳场所。据统计，我国每年直接入海的废水高达近百亿吨，并且富含营养物质和有机农药的农业污水也随地表径流进入沿海水体，导致临海水域水质恶化，直接威胁着蓝色农业的食品安全。其次，目前的海水养殖品种少，尤其缺乏品质优良、抗逆能力强的养殖品种。除了少数种类外，海水养殖对象大多缺乏人工选育，其生长速度、抗逆能力、品质等都非常急需人工选育加以改进。因此，海水养殖的技术含量提升和加工能力提升，都是蓝色农业所面临的亟待解决的现实问题。最后，单一养殖并长期密集养殖导致自然生态恶化和产业的不可持续。我国淡水养殖的理论与实践表明，多元化养殖成功的前提就是水体空间、饵料资源状况与养殖种类的生活、生长要求相吻合并种间互利，因此，养殖对种类和数量要有明确的要求，而非简单的搭配。

（三）白色农业的基本内涵

白色农业是指微生物资源产业化的工业型新农业，包括高科技生物工程的发酵工程和酶工程。白色农业生产环境高度洁净，生产过程不存在污染，其产品安全、无毒副作用，加之人们在工厂穿戴白色工作服帽从事劳动生产，故形象化地称之为"白色农业"。

目前，白色农业的研究应用领域包括：微生物食品，微生物饲料，微生物肥料，微生物农药、兽药，微生物能源，微生物生态环境保护剂等。发展生物技术产业，除合理开发、利用现有农业生物资源外，还可以利用生物技术开辟新的生物资源，更好地为人类服务。白色农业在工厂中以微生物发酵工程为基础，采取大规模一年四季生产，不受季节和气候的限制，既节约了土地和其他资源，也不造成环境污染。近些年来，以高科技开发微生物资源及其产业化发展迅速，全国掀起了白色农业的研究热潮。

白色农业涉及农产品的综合利用，饲料、生物能源和生态农业等方面的开发，逐步形成了一种新兴的高科技产业。利用微生物发酵处理秸秆转化成饲料，利用生物技术培养新菌种，加快氨基酸发酵的利用等，将成为21世纪的农业新产业。白色农业把向土地要粮的传统农业，转变为向秸秆要粮、向废弃物要粮的新兴农业，意义深远。发展白色农业，为实现可持续发展与保护生态环境相协调战略开辟了新天地。

在对"三色"农业体系进行建设、技术改造、信息化调整之后，要从以前孤立的"三色"农业转向以白色农业带动绿色和蓝色农业，形成农业产业链环节的"生态共生"结构；同时，要通过加大发展白色农业的力度，来加强待开发与再利用的农业产业。

四、现代产业体系中的绿色制造业

制造业永远是一个国家在工业化进程中的主导产业、重点产业和战略产业。现代产业体系中的制造业，既要满足科学发展观和建设和谐社会的要求，又要破解自身发展所面临的资源与环境双重制约，还要适应工业化、信息化、城镇化、国际化、市场化的多重挑战。要加快用高新技术和先进适用技术改造提升传统制造业，提升其技术水平和市场竞争力。要振兴装备制造业，推动高技术产业基地建设。要抓住当前产能过剩行业结构调整的契机，依法加快淘汰钢铁、有色、化工、建材、电力等高耗能行业的落后生产能力、工艺装备和产品，坚决关闭那些破坏资源、污染环境和不具备安全生产条件的企业。要提升高新技术产业，发展信息、生物、新材料、航空航天、海洋等产业。

在对制造业的产业结构进行现代体系转化的设计中，要大力发展装备制造业、高新技术产业和现代能源产业，加快形成一批新的主导产业。当前我国正处在以轻工业为中心的产业体系向以重化工业为中心的产业体系转换时期。重化工业阶段可以分为以原材料工业为中心的初级阶段和以装备工业为中心的高级阶段。我国应充分利用国家振兴装备制造业的有利时机，规划发展一批大装备工业，以信息产业为代表的高新技术产业是现代产业体系的重要标志。因此必须着力抓好信息、生物、新材料、航空航天、海洋等产业的发展。加快发展现代能源产业是实现制造业经济又好又快发展的基本保证。

但制造业结构从上述几方面优化的过程中，更应注重的是现代产业体系中的产业生态进程的推进。工业企业的制造模式具有鲜明的时代性。信息化时代以快速满足顾客的多样化需求为主要目的，形成了柔性生产等一批新的生产模式。这种生产模式便是融合了信息化和知识化的绿色制造模式。在这种模式中，广泛采用了柔性制造系统、精益生产模式、清洁生产模式、虚拟制造模式等现代先进制造模式进行生产。目前，我国的现代产业体系也应该将先进制造模式纳入现代制造业的产业体系之中。

所谓绿色制造就是将产品生产过程中对环境的负面影响达到最低的制造模式。它不仅要了解产品的生命周期全过程各个阶段对环境的影响，而且要从产品的设计阶段着手进行基于环保的决策，在产品的生命周期全过程中实现对环境的影响（负面作用）最小和资源利用效率最高。绿色制造涉及如下三大领域：绿色制造是产品的生命周期全过程中制造领域、环境领域和资源领域的交集。

未来制造业面临的最大挑战之一，就是制造业中的环境相容性问题。绿色制造体系包括三项具体内容：绿色资源，包括绿色原材料、绿色能源；绿色生产过程，包括绿色设计、绿色生产设备、绿色生产工艺、绿色物料、绿色生产环境；绿色商品，包括节省能源、节省物料、保护环境、便于回收利用、符合人机工程。其两大目标是：环境保护和资源优化利用。

第二节　高新技术产业发展与传统产业改造

一、高新技术产业的发展趋势

（一）高新技术产业的发展范围

纵观当前发达国家之间的竞争焦点和今后的发展方向，与高新技术领域相应，已形成具有代表性的以下十大高新技术产业：

1. 光电子信息产业

以集成电路的发展为基础，信息产业在完成向微电子化过渡之后，将形成以光电子器件、激光配置、光纤系统、全息图像、光电集成电路和光电计算机为内涵的全面更新现有信息手段的光电子信息产业。

2. 计算机及软件产业

伴随着计算机向智能化发展的同时，世界范围内的信息处理及应用也将随着操作系统、应用软件等的开发及完善，逐步走向全球性的、全民性的运作空间。

3. 生物工程产业

以微生物、酶、细胞和基因为基础的现代生物技术将逐步发展成为以微生物工程、酶工程、细胞工程、遗传工程及蛋白质工程为一体的生物工程产业。它对人类世界诸如健康、粮食、能源和环境等问题的有效解决都将产生深远的影响。

4. 生物医学产业

在诊断、医疗和人工合成材料新成就的基础上，人类将能有效地掌握生物及人工器官的移植和再造技术，把医疗技术推向能对人体多部位进行有效替换和重建的高新技术水平上。

5. 智能机械产业

传统的机械工具及交通运输设备将广泛地与微电子、光电子及人工智能技术相结合，形成以智能计算机、智能机器人、智能生产线、智能运输工具及设备为体系的智能机械产业，以期从体力、脑力方面代替人类的部分劳动，使人类从事更有创造性的智能工作，推进智能机械产业向更高层次发展。

6. 导体产业

超导材料的独特性能使其迅速产业化。超导电子器件、超导计算机、超导电机、超导输电系统、超导储能装置和超导磁悬浮列车等高新技术成果商品化的推进，将改造整个以电、光为核心的传统技术格局。

7. 太阳能产业

世界能源（石油、煤、天然气）以后会日益枯竭，由此，合理利用核聚变能源和太阳能将是人类摆脱能源困境的现实选择。利用太阳能技术，积极发展和研制各种太空及地面的太阳能跟踪、捕获、转换、传输和存储装置，建立起太阳能产业，是人类有效利用自然能源的必然选择。

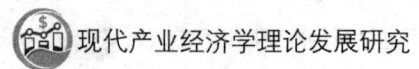

8. 环保产业

环保产业是国民经济结构中以防治环境污染、改善环境质量、保护生态平衡为目的所进行的一系列技术开发、产品生产、商品流通、资源利用、信息服务和工程承包活动的总和，是由生态工业、环保工业和软件服务业三方面组成的。它要求综合运用经济、生态规律和一切有利于社会经济和生态平衡、协调发展的现代科学技术，适时地诱导环保高新技术的产业化，及时地更新各产业中不利于环境保护和生态平衡的硬件设备。

9. 空间产业

提供卫星发射、载荷搭载、太空旅行等空间商业活动；利用微重力、超洁净等太空特殊环境，进行科学试验和高精尖产品生产；在地球域外开拓新疆域和在外星球采掘新资源，是人类空间产业发展的首选目标。

中国目前还没有关于高新技术产业的明确定义和界定标准，通常是按照产业的技术密集度和复杂程度来作为衡量标准的。根据 2002 年 7 月国家统计局印发的《高技术产业统计分类目录的通知》，中国高技术产业的统计范围包括航天航空器制造业、电子及通信设备制造业、电子计算机及办公设备制造业、医药制造业、医疗设备及仪器仪表制造业等行业。

（二）我国高新技术产业发展战略与策略

由于经济和科学技术发展水平上的差异，各国发展高新技术产业所采取的发展战略不尽相同。发达国家主要是以经济及科技上比较优势地位的有效拓展来发展高新技术产业，以期促进本国经济的高速发展并保持其相应的领先地位；发展中国家则主要是以确定重点发展领域、制订规划、筹建产业园区、发挥产业综合优势、强化技术引进的消化吸收工作、推进配套政策的实施及完善等策略的有效构筑来加速其高新技术及其产业的渗透及发展，以期尽快缩短与发达国家之间的差距。目前，我国的高新技术产业发展战略及策略也与其他发展中国家大体相同，但具有自己的特色。

1. 我国高新技术产业的发展目标

①不断增强自主发展能力，掌握一批事关国家竞争力和国家安全的核心技术，进一步增加国内高技术企业发明专利数量、自主发展的高技术制造业增加值，以及高技术产品出口中拥有自主知识产权和自主品牌的比重（出口额），建成一批国家工程中心、国家工程实验室和企业技术中心，关键技术装备研制能力明显增强。

②进一步优化高技术产业结构，电子信息产业、生物产业、航空航天产业等重点领域的技术层次和产品档次大幅提升，培育一批年销售收入过百亿元的大型高技术企业，在优势区域、主要中心城市形成若干创新能力较强、产业链较完整的产业集群。

③提高国际化水平，增加高技术产品进出口总额以及出口比重，培育一批高技术产品出口骨干企业；进一步提高国际市场占有率，不断提升利用外资的水平，增强大型高技术企业的跨国经营能力。

④继续扩大高技术产业规模，提高高技术产业增加值占 GDP 的比重、高技术制造业和高技术服务业的销售收入。

2. 我国高新技术产业的发展战略

（1）确定高新技术及其产业的重点发展领域

高新技术及其产业重点发展领域的确定，主要取决于一国的基础优势，即工业基础、科技资源、市场和资金等四大因素的组合绩效。其中，工业基础是高新技术产业化的现实基础；科技资源是高新技术产业化的未来基础；市场是高新技术产业化发展的有效动力；资金是高新技术产业化的必要条件。而高新技术及其产业化发展态势的强弱则又在很大程度上依赖于该国综合国力的水平。鉴于我国目前所拥有的工业基础、科技资源、市场及资金等方面的局限以及综合国力的匹配水平，不可能在所有领域进行全方位式的开拓研究及发展，必须采取"有限目标、重点突破"的策略，以期提高我国高新技术及其产业的发展速度。

我国需要大力发展对经济社会发展带动作用强、技术集成度高、体现国家竞争力的高技术基础核心产业和战略性新兴产业，提高产业整体技术水平，培育新的经济增长点。我国高技术产业的发展重点包括：

①电子信息产业。要全面提升集成电路产业，壮大软件产业，调整优化电子元器件产业，率先做强通信制造业，重点培育数字化音视频产业，积极发展计算机产业，大力发展电子专用设备产业。

②生物产业。要优先发展生物医药产业，大力发展生物农业，积极发展生物能源，加快发展生物制造。

③航空航天产业。要扩大民用飞机产业规模，提升航空产业配套能力，提高卫星研发制造水平，着力发展卫星应用产业。

④新材料产业。要提升电子信息材料水平，加快航空航天材料研制，扩大能源材料生产。

⑤高技术服务业。要加强信息基础设施建设，增强电信服务能力，推进电子商务和电子政务发展，积极发展数字内容产业，培育技术服务业。

⑥新能源产业。要大力发展可再生能源，加快发展先进核能，积极发展氢能。

⑦海洋产业。要培育海洋生物产业，加快发展深海资源产业，积极推进海水综合利用。

⑧用高新技术改造和提升传统产业。要强化农业高新技术的推广应用，努力促进节能降耗，加快发展环保产业，积极推进产业信息化，加强重大技术装备研制，加快关键技术开发和产业化。

（2）制订和实施各层次的计划

通常把与我国高新技术及其产业发展相关的计划分解为以下三个层次：

①高新技术及其产业的渗透和扩散层次，即直接为经济建设和社会发展服务，以期迅速提高工农业生产技术水平和推进传统产业的技术进步。在这一层次，主要是组织和实施科技攻关计划，以期解决对国民经济和社会发展有重大影响的科技攻关课题；实施丰收计划，以期有效推广使农业增产的先进实用技术；实施星火计划（含科技扶贫计划），以期推进农业和乡镇企业的科技进步；实施燎原计划，以期有效地培训农村技术人才；实施国家科技成果重点推广计划，以期通过政府干预和计划管理，动员全社会各方面的力量，使科技成果在传统产业和广大农村中发挥积极的作用；组织"产学研联合开发工程"，以期建立大中型企业与高校、科研院所之间密切稳定的交流、合作制度，从而加速高新技术成果的产业化转移，增强大中型企业的市场竞争能力。

②高新技术的开发及产业化层次，主要是实施"863计划""火炬计划"，以期跟踪世界高新技术的发展趋势，选准有限目标，集中攻关力量，在力争有所突破的基础上，尽快而有效地将高新技术的研究及开发成果转化为现实生产力。

③高新技术的基础研究层次，主要是组织和实施基础研究计划和攀登计划，以期加强基础研究工作和应用研究工作，为高新技术的长远发展奠定坚实的理论及技术基础。在补充这些计划时，不能仅仅为跟踪而跟踪、为成果而计划，必须强调我国国情和现有的工业技术水平，把具有很强产业化趋势的技术纳入其中。

（3）大力推进高新技术开发区和开发带的建设

我国的高新技术产业开发区是在学习和借鉴国外科技园区先进经验的基础上，依托智力资源和国家优惠政策，在高等学府和科研机构比较密集且有一定工业技术基础的地区所建立的，旨在开发高新技术及其产品，促进交易、科研和生产同步发展，并结合生产要素的优化组合，推进高新技术与社会经济协调发展的综合基地建设。作为深化经济改革的试验区，高新技术产业开发区也是促进对外经济合作的有利窗口。对企业而言，不仅是高新技术企业发展的重要途径，还是向传统企业渗透和扩散高新技术的辐射源。

总之，高新技术产业开发区和开发带的巨大作用主要体现在以下五方面：①能有效地缩小和发达国家之间的差距；②对传统产业的调整产生巨大的辐射作用；③能有效地缩小内地与沿海地区的经济发展差异；④能有力地推进现代企业制度的建设；⑤为民营高新技术企业的发展开拓了广阔的空间。

（4）强化技术引进的消化吸收工作，推进高新技术的产业化进程

技术转让的"飞去来器效应"是指技术引进方反过来向技术转让方的所在国输出经过更新的技术或商品。这也是日本企业从美国引进技术，强化民族产业，进而同美国竞争的道路。企业不拥有技术，就无法生存和发展下去；同样，企业不发展技术，也无法生存和发展下去。然而，我国企业在这方面做得远远不够，"引进有余，发展不足"是我国企业的通病。其根本原因是，我国因企业负担过重，尚未培育出本来意义上的成为生产主体的企业，导致技术引进的主体介于国家和企业之间的徘徊状态。相比之下，韩国的企业主体地位则更为明显，如三星等企业在韩国的技术进步方面做出了重要的贡献。因此，为推进我国高新技术及其产业的迅速发展，必须确立国有特大或大型企业在技术引进方面的主体地位，以期更好地促进技术引进后的消化及发展工作，从而对广大国有企业起到示范和带动作用。

（5）积极推进各项配套改革政策的实施和完善

任何一个国家和地区要在当今世界激烈竞争中取得有利的地位，都必须依靠高新技术，发展其现代经济。世界范围内一场声势浩大、规模空前的高新技术竞争已经如火如荼地展开。面对如此强盛之势，国家及其政府的介入则更成为必然，但其介入要有一定的范围。为推进高新技术产业的发展和完善社会主义市场经济体系，国家及其政府的介入应首先体现在政策的引导环节上，即从政策的配套方面给予企业一个公平而有利的发展环境。尤其是在宏观调控、科研开发、土地利用、投资、金融、保险和税收等政策方面，应给企业以优惠性的倾斜，鼓励企业的开拓创新精神，以期确立企业在高新技术产业化过程中的主体地位，使企业真正领略到技术的支持及发展作用和高附加值的收益效用。同时，国家应加强各项改革政策的协调工作及产业的协调工作，使高新技术产业群内的各产业得以均衡发展，为高新技术产业的长远发展奠定其产业基础。此外，国家要保证各项政策的配套性和到位性，健全高新技术产业发展所需的以技术为核心的服务体系，为国有、民营、合资及外资企业和科研部门解决后顾之忧，适时推进其高新技术的产业化进程。

（6）重视和发挥军民结合的技术转移机制和联合发展机制

适时地将国防技术转为民用技术，并及时开发民用产品，是各国发展高新技术产业的重要途径。这对我国而言，既可以提高我国的民用技术水平，又可以提高国防科技人员开发民用技术的积极性。此外，应联合发挥军民的结合优势，共同攻关，以期提高我国工业的整体技术水平。

总之，高新技术产业的发展模式主要体现在新产业的发展和对传统产业的改进等两个方面，由此，上述六点所构筑的综合模式依然要把推进对传统产业的技术改进作为另一核心内容，不可轻视高新技术对传统产业发展所起的巨大作用。

二、传统产业改造模式

（一）把传统产业的改造优化、转型升级放在重要位置

推进产业转型升级是工业化、信息化的紧迫任务。在今后相当长时间内，支撑中国经济的还是传统产业的优化升级。战略性新兴产业由于各种原因，一时很难成为国内经济的支柱。新能源发展太慢，化石能源的科学开发和合理使用仍然是重要任务。

必须对传统产业进行脱胎换骨的改造提升。传统产业转型升级要切实抓好节能减排、淘汰落后、重组兼并、产业转移、集聚发展等难点、重点。技术改造是推进工业化和信息化（以下简称"两化"）深度融合、促进传统产业优化升级的战略举措，也是调结构、稳增长的重要手段。技术改造以品种质量、节能降耗、环境保护、装备改善、安全生产以及信息化提升等为重点，用高新技术和先进适用技术改造提升企业生产力要素水平，具有技术新、效益好、投资省、工期短、见效快等显著优点，是以内涵为主的发展方式。

（二）高新技术产业对传统产业的巨大冲击

我国传统产业技术水平落后，亟待改造。随着以信息化和智能化为标志的第四次产业革命的兴起，出现了一大批以各种高新技术企业为代表的高新技术产业部门。这对传统产业产生了巨大的冲击，迅速引起高新技术向传统产业的渗透、扩散和融合。

高新技术对传统产业的巨大冲击锐不可当，并把许多工业抛进了"夕阳"工业之列。对世界高新技术成果的有效利用和迅速推进高新技术产业的发展，为我国迎接世界挑战的重要机遇。

（三）高新技术对我国传统产业的改造模式

高新技术产业发展和传统产业改造是产业结构调整及优化的两个重要组成部分。纵观科技与产业发展的历程，不同科技发展水平决定了产业结构的不同优化程度，其中科技对传统产业的改造又决定了产业技术结构的层次及领先程度。没有传统产业的良好发展，就无法提供高新技术产业发展所需的高额积累资金；没有高新技术的产业化发展和对传统产业的改造，同样无法促进传统产业向现代产业的过渡。目前，我国的总体科技发展水平与发达国家之间还存在较大的差距，而科研及发展资金又严重不足，要发展高新技术产业，必须把其与传统产业有机地结合起来，形成二者的互助式发展模式。

总之，从某种意义上说，我国发展高新技术产业的首位因素是要处理好其与传统产业技术改造的关系；高新技术产业的发展要有利于传统产业的改造和产业结构的升级换代；

要充分发挥技术引进、技术创新和自行开发投入的相关作用；要合理安排高新技术产业和传统产业的空间布局关系；要摆正政府、科研院所和企业三者的关系，促进宏观及微观经济的协调发展。

1. 传统产业改造的重点选择

目前，我国拥有门类齐全的工业体系，这是高新技术产业得以发展的基础和载体，但其整体的产业技术水平却相对落后，而高新技术对传统产业的技术改造又不可能面面俱到，所以必须突出重点，采取点面结合的方式提高传统产业的技术水平。

①应从我国国情出发，配合宏观经济改革的步伐选择高新技术产业与传统产业的有效结合部位，发挥技术的关联作用，为产业的长远发展提供良好的技术准备及装备。如利用高新技术对基础产业和"瓶颈产业"的技术改造，可极大地增强国民经济的发展后劲，起到倍增效应。

②确定技术引进的领域及扩展渗透范围。通过引进技术、设备和工艺，适时地改造传统产业，再通过对其的研究和发展来加快与国际高新技术产业的接轨速度。

③从产品入手，确定进口替代产品、出口创汇产品和节能产品的发展领域，加快产品结构的更新速度，推动创汇产业和节能产业的改造步伐。

2. 传统产业改造的运作机制选择

在以上重点领域，推进技术改造可以充分利用传统产业的资产存量，加之技术和资金的引进，实现传统产业内部技术结构的调整，以使传统产业对高新技术的吸收机制和高新技术向传统产业的扩散机制同时运作，从而走工业集约式的经济发展道路。这种"吸收扩散"机制对高新技术产业的发展和传统产业的改造都会产生良好的效果。其具体运作方式如下：

①以政策推进高新技术与传统产业的"嫁接"机制。政府对企业引进、采用和推广高新技术给予特别优惠贷款和税收政策，使传统产业的技术结构发生根本性的改观，降低能耗和原材料消耗，提高劳动生产率，增加产业经济效益。

②发展高新技术企业集团，吸引周边企业并通过产业关联效应，带动传统产业的技术改造。把高新技术企业作为传统企业群的核心，以高新技术的渗透和扩散来积极引导企业集团向高新技术领域的转移，力争在短期内配置和成长一批具有国际竞争实力的大型高技术企业集团，并进而带动传统企业集团的良性发展。

③利用外资和技术引进改造传统产业，强化技术引进的消化及创新机制。利用外资不应为手段所限，应采取更为广泛的形式，并积极加强与国内科研院所的科技交流及合作；技术引进应借鉴日本的"上游引进"战略，强调"软件"，即通过高起点的引进，强化消

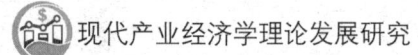

化及创新机制，为赶超世界先进水平奠定技术基础。

④通过建立高新技术产业开发区的方式，逐步调整全国的各个专业性产业群体，提高其产品及连带产品的技术附加值和升级换代水平，如背依于科技园区和数家企业集团而建立的以计算机产业和软件产业为核心的高新技术产业园区，不仅能够有力地提高本产业的技术发展水平，而且能够积极发挥其在高新技术产业方面的带动作用。

⑤充分利用国防科技的高新技术优势，实现"军转民"的战略扩散，适时地提高民用工业的整体技术水平。由于各国把大量的先进和尖端技术的发明与创新首先应用于国防工业，致使其整体水平高于民用工业，所以"冷战"结束后，各国又相继把国防工业的技术成果、资金、设备和人才转移至民用工业，大力发展以民品为主的高新技术产业，从而大大地提高了传统产业的技术水平。

⑥建立健全风险的支撑体系，为企业技术创新给予一定的风险补偿。通过政府的介入，协调财政、金融和科技等各方面力量，尤其是健全企业技术进步的各项激励政策和风险补偿政策，使企业摆脱资金及风险的困扰，勇于创新，从而提高企业对高新技术成果转移的自觉性和积极性。

总之，高新技术产业对传统产业的技术改造在选择重点领域的基础上，充分发挥法律、行政和经济手段，依靠市场的积极引导促进传统产业和高新技术产业的积极融合，以期建立一种二者互促互进的新型运行模式。

3. 走向集约经营的传统产业现代化模式

经济有效发展的困境实质上源于经济结构的失衡，而结构失衡又在很大程度上源于技术水平的局限。提高我国产业的整体素质，切实改变以往的粗放式经营方式，以期完善社会主义市场经济的根本途径在于通过利用高新技术及其产业对整个传统产业的现代化改进。

就我国而言，虽然经过改革开放已使经济总量趋于平衡，但结构型矛盾却更为突出，主要表现为：①名新产品短缺，普通产品滞销，即在产品结构上短缺与积压并存；②企业技术结构扭曲，缺乏应有的开发及创新能力；③企业规模结构及组织结构扭曲，缺乏应有的集中度；④能耗结构扭曲，粗放经营使企业难以为继现有的经济增长。因此，若不在传统产业中扭转其技术落后的局面，就会在国际竞争中灭亡，这已成为摆在我们面前的严酷现实。

（1）传统产业的现代化实质

现代化本身并不是一个目标化概念，而是一个动态化概念。以往我们常常把现代化理解为一个目标，甚至是远期理想目标，这对我国传统产业的发展在观念上是一层阻碍。这一观念上的偏差导致我国长期在传统产业的技术改造方面处于落后境地。除体制及政策上的原因之外，其他主要原因如下：①技改资金挪为他用；②大量原来层次上的设备更新；③技术创新意识薄弱；④技术改造的市场导向不明；⑤技术市场的交易障碍过多；⑥技术贸易形式过于单一；⑦技术引进上的无谓重复与低的消化及吸收水平并存。由此，我国的技术改造长期处于欠账局面。

摒弃以往的狭隘观念，将现代化准确地理解为一个长期的、内涵技术不断更新的动态过程，是实现两个转变的必要的观念转变。同时，传统产业的现代化改造不应仅仅包括技术改造（技术设备和生产工艺的更新改造），还应该包括管理上的"更新改造"，而二者均以信息资源的有效开发利用为前提。所以，传统产业的现代化过程实质上就是传统产业的信息化过程和新技术化过程。

（2）我国传统产业的现代化

就传统产业和高新技术产业的比重而言，在我国必须将侧重点放在传统产业上，即必须运用一切手段积极推进传统产业的整体技术水平。所以，如何用新技术和新设备武装传统产业是我国现实所面临的重要课题。

①传统产业信息化。在科技没有物化之前，它是以信息状态存在的，但却是产业得以长远发展的必要前提。在健全社会主义市场经济的过程中，价值、竞争和供求等三大规律的同时运作，使企业的生存和发展更加依赖于信息资源的有效性，继而使企业将其信息资源看成企业的"生命线"。因此，传统产业的现代化改造必须以其信息化为前提，牢固确立信息化的先行原则。

改革开放以来的经济发展使能耗及运输等瓶颈问题荒上加荒，这主要源于粗放式经营。发达国家的经验表明：引进、消化、吸收新工艺和新技术，采用先进的信息处理和工业控制技术可以有效地减少物耗、能耗和货物运输量。因此，我国发展经济过程中，诸如基础设施薄弱、能源紧张、设备陈旧落后、科研水平落后、管理水平低及员工素质低等瓶颈问题的有效解决必须依赖于整个产业信息化水平的提高。

我国传统产业的信息化是一个长期的渐进过程，而面对目前信息设备制造业和社会信息基础设施的落后局面，国家必须在宏观上加以积极引导，制订符合中国国情的产业信息化长远发展纲要和近期发展规划，积极推进整体协调、适当控制和以提高效益为主的发展策略，以期尽快提高我国整个产业的信息化水平。

②传统产业的技术改造。传统产业技术改造的核心是技术规范的转换。这通常包括两个部分：其一，传统产业的常规技术改造，其特征是技术进步的连续性拓展；其二，传统产业的技术创新，其特征是技术进步的间断性拓展，即开辟了具有本质差别的新的技术途径。而我国目前相当一部分企业的技术改造是用于扩大原有产品的生产能力，其产品的技

术含量和设备的技术水平并没有提高多少，改造仍然是在原有的技术层次上循环运作，并没有体现技术进步的连续性原则，加之技改战线过长、资金分散且挪为他用现象普遍存在，致使技术改造的账越欠越多，产业的技术水平徘徊不前，集约经营难以为继。高新技术产业发展的一个重要任务就是通过向传统产业的渗透、扩散和融合，将其注入传统产业，以期加速传统产业的高级化进程，促使传统产品的更新换代。

为此，传统产业必须以市场导向为原则，采取"新老技术融合"的改造策略，加速整个产业的技术进步步伐。具体而言：

第一，完善企业背依于市场的技术创新和技术吸收机制。国家应适当放宽企业技术改造的有关政策及决策权限，并把因技术进步而获得的经济效益作为考核企业长远发展的重要经济指标；同时，就重点项目为企业提供适当比例的发展基金用于其技术开发和产品开发。

第二，增强科技体制中的"消化、吸收"功能，通过"嫁接"的方式引进和消化技术，高起点地推进企业的技术改造步伐。宏观上应切实改变技术引进与科技体制不相适应的状况，积极采取经济手段和有关政策措施，推进引进计划与科研计划的结合机制，以期避免资源的重复浪费。这就需要以研究成果为基础确定引进项目，以引进技术的消化、吸收和创新为目的确立科研课题，继而推进引进技术和自研技术的融合生长。

第三，采用高新技术推进传统产业的高级化发展。以市场导向为原则，注重传统产业的信息化武装，用高新技术改造传统产业，适时地推进传统产业结构及技术结构的合理性转变；发挥高新技术的"种子"效应，强化支柱产业，"成龙配套"地进行技术开发和技术改造。

第四，积极推进农业的产业化进程，大力发展乡镇企业，以有效地吸收农村广大的富余劳动力。为此，国家必须积极推进农村技术和职业教育进程，切实提高农村劳动力的整体素质，为工业的宏观发展奠定坚实的人力资源基础。

第五，提高乡镇企业的技术结构及技术发展水平。乡镇企业进一步加深对"科学技术是第一生产力"的理解，通过示范工作，培植一批技术型企业的典型，从而加快乡镇企业的技术升级进程。

（四）推进两化融合是改造传统产业的必经之路

1. 两化融合、传统产业转型升级是新型工业化道路的显著特征，探索实践取得初步成效

推进工业化和信息化深度融合、促进传统产业转型升级，是加快转变经济发展方式、实现新型工业化、建立现代产业体系的重要举措，也是推动我国由工业大国向工业强国转

变的必由之路。

党的十八大报告强调，"坚持走中国特色新型工业化、信息化、城镇化、农业现代化道路"。"推动信息化和工业化深度融合""加快传统产业转型升级"是其中的重要任务。党的十九大报告指出："推动新型工业化、信息化、城镇化、农业现代化同步发展。"多年来，各地各行业通过政府引导、加快法规制度建设、示范载体建设、推进技术改造等实践，在推动两化深度融合、促进传统产业升级方面取得了初步成效。

（1）传统产业信息化水平和核心竞争力明显提升

一是促进了技术改造和产品研发能力提升，增强了企业信息技术综合集成利用能力，提高了装备智能化水平。

二是信息技术已经运用到业务流程改进、企业资源优化、能源管理、环保监测等企业生产管理的各个环节。特别是重点企业落实较好，提升了生产要素水平和生产经营效率，带动了产业整体竞争力提升。

三是推动了企业优化升级。培育了一批面向企业提供信息化共性服务的平台，尤其使中小微企业获得及时准确的市场信息，得到技术、管理咨询服务，改善生产经营，加强企业管理，增强了市场应变能力。

（2）信息技术快速发展，基础支撑能力得到加强

通信网、互联网、集成电路、物联网、云计算等新一代电子信息技术的研发与产业化，信息通信网络、超级计算机、数据中心、信息安全测评等公共信息服务平台为两化深度融合和促进传统产业转型升级提供了有力支撑。尤其是工业应用软件的开发利用发挥了巨大作用，促进了钢铁、汽车、石化、装备、电子以及国防科工等行业企业的转型发展。

（3）形成了一批两化融合产业示范区和示范企业

各地以工业园区和骨干企业为重点，加快培育两化融合载体，充分发挥示范带动作用，已取得明显成效，呈现巨大潜力。

（4）信息技术在金融、商贸、社会管理等方面集成运用。

经过多年努力，信息技术在上述各领域已普遍应用，通过示范实践，不断提升信息化水平。如财政、银行、税务、海关、交通等多项"金卡"工程，电子商务、网络采购、智能仓储等现代物流商业模式，不仅使管理水平、运营效率大幅提高，而且便及百姓、惠及民生。电子政务已广泛应用在政府各部门各层面，提高了行政管理、社会管理水平。

2. 推进两化融合改造提升传统产业面临严峻挑战，存在较大差距

（1）认识不到位，缺乏紧迫感、危机感

不少领导干部和企业经营管理者没有认识到两化深度融合和构建"两型"社会是中国

特色新型工业化道路的显著特征，没有上升到中国工业发展的战略高度，没有看到面临的严峻挑战。发达国家提出"再工业化""制造业回归"等新战略和"低碳经济""智慧地球"等新理念，就是要凭借其实力和尖端信息技术，迅速占领制高点，抑制发展中国家。我国高耗能、高污染、高投入、低效率的发展模式已不可持续。

（2）两化融合广度、深度不够，环境亟待优化

广度不够体现在没有推进到全部行业、企业，多数地区仍然停留在试点示范阶段。总的看来，大型骨干企业做得较好，中小企业特别是小微企业受制于各方面条件，还比较落后。深度不够表现在没有形成系统和网络。目前大多限于某个产品和项目采用部分信息技术，而企业行业集成应用、系统开发不够，多数企业仍处于各自为战、探索实践的阶段，尚未上升到国家、行业标准规范的高度。当前推进两化深度融合缺乏总体设计和具体部署、实施方案及有效措施，也没有专门支持两化深度融合的财税、金融、产业等政策措施，亟待法律和政策的保障与支持。

（3）信息资源整合利用明显滞后，推进两化融合的投入不足

两化融合的资源仍处于分散隔离的状态，条块分割、资源分散的现象严重。纵向信息网络自成体系，业务系统封闭运行，形成众多的"信息孤岛"，不能实现互联互通、共建共享，出现诸如效率不高、盲目发展、无序竞争等一系列问题，社会资源亟待整合。财政用于两化融合的投资有限，不利于调动企业和社会的投入积极性。

（4）信息产业的支撑能力不足

我国工业创新能力不足，工业电子和软件的核心技术、关键元器件严重依赖引进。网络基础设施及应用服务不能满足发展的需要。

3. 进一步提高思想认识，加强统筹规划和顶层设计，在两化深度融合上狠下工夫

（1）站在走中国特色新型工业化道路的高度来深刻理解两化融合的重要意义

当前，我国总体上正处于工业化中期和加速期，同时处在工业化、信息化、城镇化和农业现代化深入发展且相互交融的发展环境中，实现工业化、现代化任重道远。不能重复西方国家先工业化后信息化的老路，必须通过两化深度融合，实现跨越式发展，构建资源节约型、环境友好型社会。走中国特色的新型工业化道路既是长期艰巨的历史任务，也是十分紧迫的现实问题，还存在不少深层次问题和结构性矛盾，存在不少不确定、不稳定的因素，需要切实提高全社会的认识，尤其是要提高党政领导干部和企业经营管理者的认识，增强其紧迫感和危机感；同时，普及两化知识，宣传成功范例和典型经验。

（2）加强顶层设计，优化融合环境

一是建议加快相关法律、法规和配套政策的出台，为推动两化深度融合提供法律和政

策依据。不断总结实践经验，通过法律、法规明确政府、行业、企业的职责。

二是加强顶层设计，发挥政府的引导、指导、组织和推进作用。制订总体规划和专项规则、年度行动计划，建立部门协调机制，制定支持融合的优惠政策，支持传统产业的改造提升，加快培养符合两化融合要求的复合型人才。

三是建立健全两化融合的标准、规范体系。制定和完善共性技术标准、行业规范和评价标准，加强信息化应用领域的标准化建设，引导行业、地方和各类开发区提升两化融合水平。

四是整合社会资源，构建服务平台。促进大型骨干企业信息服务分离外包，构建更多服务平台，为中小微企业服务。加强信息设施建设，将其纳入公用市政重要基础设施范畴。

（3）用新一代信息技术改造提升优化传统产业是当务之急

工业信息化领域要完成三件大事，即传统产业转型升级、培育发展战略性新兴产业、大力发展生产性服务业。战略性新兴产业是未来新的增长点，必须积极培育、加快发展，但由于各种因素的影响，一时还难以成为国民经济的支柱。未来相当长一段时间内，我国经济的持续稳定发展仍然要依靠传统产业的优化升级。

我国工业诸行业的总量很大，已具有相当水平，但总的看，突出问题之一是多数行业经济技术指标与国际先进水平相比仍有较大差距。用包括信息技术在内的先进技术改造提升、优化传统产业是两化深度融合的重中之重。一是运用技术进步、技术改造努力提升工业增加值。从投入看，能源、原材料单耗高；从产出看，产品品种质量差、附加值低。二是用新一代信息技术提升现有生产线、基础设施运营的信息化水平。三是运用信息技术变革制造业的生产方式。

（4）以"广覆盖、全渗透"为抓手，把两化融合引向深入

一是把信息技术嵌入、渗透、覆盖到企业生产经营的全过程，深化信息技术在研发设计、生产制造、经营管理、市场营销以及全周期服务等全过程、全产业链的集成应用，推动制造业向智能化、数字化、网络化和服务型转变。

二是把信息技术应用从制造业向能源、电网、交通运输、航空、城市基础设施等领域及物流、商贸等生产性服务业扩展，抓好重点示范，为传统产业的转型升级提供支持。

三是培育发展新兴产业要从源头抓起，发展现代信息技术产业体系。

四是把信息技术扩大到社保、教育、医疗、新农村建设、文化艺术等经济社会管理各层面，丰富和提高人们生活质量，创造和拉动消费。通过通信、视频、网上读书、音乐、游戏、动漫及搜索等业态，让各种智能终端进入家庭。信息消费是今后新的消费热点，有巨大潜力。

参考文献

[1] 叶开，贾朝心，黄笙发，等. 产业数字经济 [M]. 北京：中国商务出版社，2021.

[2] 张礼立，张恒熙. 新基建数字经济产业风口 [M]. 中国广播影视出版社，2021.

[3] 毛丰付. 数字经济技术驱动与产业发展 [M]. 杭州：浙江工商大学出版社，2021.

[4] 胡江华. 数字经济基于特色产业生态创新 [M]. 北京：光明日报出版社，2021.

[5] 白雪洁，杜传忠. 产业经济学 [M]. 北京：经济科学出版社，2021.

[6] 黄鹂，罗明志，肖葱. 会展产业经济学 [M]. 成都：四川大学出版社，2021.

[7] 冉光和. 金融产业经济学研究 [M]. 北京：中国社会科学出版社，2021.

[8] 史丹. 中国产业经济学年鉴 2020 [M]. 北京：中国社会科学出版社，2021.

[9] 龚仰军. 产业经济学教程 [M]. 上海：上海财经大学出版社，2020.

[10] 张涛. 新经济新产业 [M]. 北京：中国金融出版社，2020.

[11] 梅燕，蒋雨清. 农村电商产业集群驱动区域经济发展 [M]. 杭州：浙江大学出版社，2020.

[12] 李佩璐. 新兴经济体对外直接投资与母国产业升级的互动关系研究 [M]. 上海：上海社会科学院出版社，2020.

[13] 赵玉林，汪芳. 产业经济学 [M]. 北京：中国人民大学出版社，2020.

[14] 石奇. 产业经济学 [M]. 北京：中国人民大学出版社，2020.

[15] 高志刚. 产业经济学 [M]. 北京：中国人民大学出版社，2020.

[16] 邹树梁，邹旸. 核能产业经济学 [M]. 北京：中国原子能出版社，2020.

[17] 刘秉镰. 中国区域产业经济研究 [M]. 北京：中国人民大学出版社，2020.

[18] 胡绪华. 现代产业经济理论与政策 [M]. 镇江：江苏大学出版社，2020.

[19] 李悦. 产业经济学 [M]. 5 版. 大连：东北财经大学出版社，2019.

[20] 佘曙初. 区域文化资源与旅游产业经济协同发展研究 [M]. 北京：经济日报出版社，2019.

[21] 翁旭青. 文化创意产业与地区经济发展 [M]. 北京：中国时代经济出版社，2019.

[22] 黄鲜华. 产业转移与区域经济增长质量 [M]. 武汉：武汉大学出版社，2019.

[23] 陈东强. 县域产业布局与县域经济发展 [M]. 北京：光明日报出版社，2019.

［24］ 郑长德. 王英. 要素集聚、产业结构与民族地区城市经济发展研究基于专业化、多样化视角［M］. 北京：中国经济出版社，2019.

［25］ 李晓曼. 低碳经济视角下可再生能源产业发展的就业效应与实现路径研究［M］. 北京：首都经济贸易大学出版社，2019.

［26］ 姚灿中. 产业经济复杂系统的分析方法［M］. 北京：科学出版社，2019.

［27］ 石军伟，张静. 产业经济学［M］. 武汉：武汉理工大学出版社，2019.